100Dinge

die Sie in **Thüringen** erlebt haben müssen

Der offizielle Ausflugsführer von ANTENNE THÜRINGEN

Ulrich Seidel

SUTTON FREIZEiT

Inhaltsverzeichnis

Vorwort

Wir sind Thüringen!

Das Wichtigste zuerst: Ein großes Dankeschön an unsere ANTENNE THÜRINGEN Hörer, denn nur mit Ihren Tipps ist dieser ganz besondere Ausflugsführer möglich geworden.

Mit diesen 100 Tipps von Thüringern für Thüringer halten Sie jede Menge Anregungen für den nächsten Ausflug in den Händen und erfahren nebenbei noch viel Wissenswertes über unsere Heimat.

Ob tief im Berg mit glitzernden Kristallen, Gold in verschlungenen Bächen, schwimmende Hütten oder kreisende Adler über Burgen – die Auswahl ist riesig und für jede Jahreszeit geeignet. Plätze zum Genießen, Erleben und zum Staunen.

Gehen Sie mit uns auf Entdeckungsreise im schönsten Freistaat der Welt. 100 Dinge, die Sie in Thüringen unbedingt erlebt haben müssen. Ich wünsche Ihnen viel Spaß!

Ihr Jens May

1 **Steine erzählen 900 Jahre Geschichte – Burg Hohnstein**

Die Steine der Burgruine Hohnstein haben 900 Jahre Geschichte zu erzählen: Sie reicht von der Errichtung der Stammburg der Grafen von Hohnstein um 1120 über die Übernahme durch die Grafen von Stolberg Anfang des 15. Jahrhunderts bis hin zur Brandschatzung durch Viztum von Eckstädt während des Dreißigjährigen Krieges. Besuchen Sie diesen idyllischen Ort voller Magie!

Am Südrand des Harzes liegt das kleine Städtchen Neustadt. Der staatlich anerkannte Luftkurort liegt nur zehn Kilometer von Nordhausen entfernt in malerischer Umgebung. Das mittelalterliche Stadttor und das bemerkenswerte Fachwerkensemble sind nicht die einzigen Sehenswürdigkeiten Neustadts. Bemerkenswert ist auch die Rolandfigur aus dem 18. Jahrhundert, einst das Zeichen einer Stadt mit eigener Gerichtsbarkeit. Sie zeugt von der früheren Bedeutung Neustadts in der Grafschaft Hohnstein. Am Stadtrand erhebt sich auf einem Porphyrkegel die imposante Ruine der fast 900 Jahre alten Burg Hohnstein.

Zwischen den Resten der Burg zu träumen, ist uns Heutigen vorbehalten. In Gedanken hören wir die Schwerter der Ritter klingen und die Burgfräulein singen. Vom Burgturm aus haben Sie einen herrlichen Ausblick auf den Südharz bis zur Goldenen Aue, zur Hainleite und zum Kyffhäusergebirge. Zum Schluss können Sie im Burggasthof einkehren und sich an deftigen Thüringer Spezialitäten stärken.

Informationen: Burggasthof/Burgruine Hohnstein, 99762 Neustadt/Harz. Tel.: 036331/49049, www.burghohnstein.de.

Öffnungszeiten: Burggasthof Mi–Sa 12–21 Uhr, So 12–20 Uhr.
Anfahrt: B 4 Richtung Nordhausen, weiter nach Neustadt/Harz.

Tipp von Jochen aus Stiege

2 Mit dem Segway auf den Spuren Papst Benedikts

Folgen Sie mit dem Segway den Spuren Papst Benedikts, der 2011 während seines Deutschlandbesuches zu Gast im Eichsfeld war. Sausen Sie zur Wallfahrtskapelle Etzelsbach und entdecken Sie ganz nebenbei die Schönheit der Eichsfelder Landschaft. Ein kräftiger Imbiss mit dem berühmten Eichsfelder Feldkieker ist inklusive!

Ihre »Etzelsbach-Tour« beginnt in der Lindenstraße 9. Nach einer ausführlichen Einweisung auf dem Segway und einer Probefahrt geht es entlang des Etzelsbachs in Richtung Wallfahrtskapelle. In ihrer unmittelbaren Nähe feierte Papst Benedikt 2011 mit rund 90.000 Pilgern eine Marienvesper.

Die Tour geht weiter zum Pilgerinformationszentrum und vorbei an der Wüstung Volsberg. Die gut ausgebauten Wege machen das Segwayfahren zu einem echten Vergnügen. Auch wenn Sie diese Tour ohne viel Kraftaufwand meistern, werden Sie sich über den Imbiss mit echtem Eichsfelder Feldkieker freuen – es ist ja immer ein besonders schönes Erlebnis, in freier Natur ein Picknick zu sich zu nehmen.

Drei weitere Touren werden angeboten: So können Sie eine »Stadtführung in Heiligenstadt« unternehmen, eine Tour entlang des Höhenzuges Dün mit herrlichen Panorama-Aussichten oder die »Werra-Tour« mit dem Besuch des Stockmacherdorfes Lindewerra.

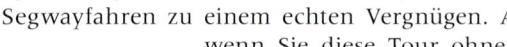

Der Brauch der »Pferdewallfahrt« am zweiten Sonntag nach dem Fest Mariä Heimsuchung geht auf eine im 17. Jahrhundert ausgebrochene Pferdeseuche zurück. Pfarrer Johannes Simerodt († 1651) schickte die Bauern mit ihren erkrankten Pferden zur Kapelle in Etzelsbach. Die Tiere wurden gesund und der Ruf des Gnadenortes verbreitete sich rasch. Seither führen Landwirte ihre Pferde dreimal um die Kapelle herum und lassen sie segnen. Jedes Jahr sind hierbei etwa 300 festlich geschmückte Pferde zu sehen.

Informationen: Segtours Eichsfeld, Lindenstraße 9, 37327 Wingerode. Tel.: 0172/2700651, www.segtours-eichsfeld.de. Voraussetzungen zur Teilnahme: Mindestalter 14 J., kein Führerschein erforderlich, Gewicht zwischen 45 und 110 kg.

Öffnungszeiten: Segway-Termine am besten telefonisch vereinbaren. Stockmachermuseum: Apr.–Okt. So 13.30–17.00 Uhr, außerhalb dieser Zeit nach Voranmeldung unter 036087/98300.

Preise: »Etzelsbach-Tour« 59,00 € p. P., Dauer ca. 3 h.

Anfahrt: A 38 Nordhausen–Göttingen, Abfahrt Leinefelde-Worbis, weiter Richtung Wingerode/Heilbad Heiligenstadt. A 38 Göttingen–Nordhausen, Abfahrt Heilbad Heiligenstadt, weiter Richtung Wingerode/Leinefelde-Worbis.

Tipp von Martha aus Deuna

3 Die schönste Burgruine – Burg Hanstein

Um die schönste Burgruine Mitteldeutschlands ranken sich Sagen und Legenden: Was hat es mit dem »Neidkopf« auf sich? Wie kam ein armer Hirtenjunge zu seinem Reichtum? Diese und andere Geschichten hören Sie in der Burgruine Hanstein, deren Anfänge vor 1070 liegen. Mit seiner unverkennbaren Silhouette prägt der Hanstein das Bild des Eichsfelds.

Die erste gesicherte Nachricht über die Burg Hanstein liefert uns der Mönch Lambert von Hersfeld in seinen Jahrbüchern. Dort ist zu lesen, dass im August 1070 König Heinrich IV. die »Burg Hanenstein von Grund auf zerstören« ließ. Die Nachfolgeburg war im 14. Jahrhundert baufällig geworden und wurde schließlich von Grund auf neu errichtet. Doch auch dieser Neubau verfiel bis zum 17. Jahrhundert und war die kommenden Jahrzehnte »wüst und unbewohnt«. Die Burgruine liegt in einer der attraktivsten Gegenden des Eichsfeldes. Wer auf dem Bergfried steht, sieht in der Ferne die Berge des Thüringer Waldes, daran anschließend den Hohen Meißner, im Norden die Göttinger Berge, davor den Rusteberg, die Berge des Eichsfeldes und schließlich das Werratal. Alljährlich stattfindende Ritterspiele, Sommer-Open-Air-Filmvorführungen und andere Spektakel nutzen die romantische Atmosphäre der Ruine. Lassen Sie sich entführen in die Sagen und Legenden rund um die Burg Hanstein! In der Umgebung finden Sie weitere lohnenswerte Ziele: das Stockmachermuseum in Lindewerra, die Eichsfelder Fleisch- und Wurstspezialitäten in Bornhagen oder den Klausenhof unterhalb der Burgruine. Hier können Sie schlemmen wie im Mittelalter und übernachten wie Geheimrat Goethe, die Kreuzfahrer oder Handwerksgesellen auf Wanderschaft: im Stroh!

Mobilitätseingeschränkte können direkt mit dem Auto auf das Burggelände fahren bzw. gefahren werden. Bitte die Gemeinde Bornhagen vorher informieren.

Informationen: Gemeinde Bornhagen,
Am Kulturzentrum 11, 37318 Bornhagen.
Tel.: 036081/61311,
E-Mail: info@burgruine-hanstein.de
www.burgruine-hanstein.de.
Öffnungszeiten: März–Okt. tgl.
10–18 Uhr, Nov. tgl. 10–16 Uhr,
Dez. Sa/So/Fei 10–16 Uhr, Jan.–Feb. nur
nach Voranmeldung (E-Mail/Telefon).
Preise: Erw. 3,50 €, Kinder (6–17 J.)
1,50 €.
Anfahrt: A 38 Abfahrt Arenshausen, B 80
Richtung Arenshausen, in Hohengandern
nach links Richtung Bornhagen.

Tipp von Bernd aus Eisleben

4 Den Blick schweifen lassen – Dieteröder Klippen

Klippen kennt man eigentlich nur von der Küste, aber auch im Eichsfeld gibt es sie: die Dieteröder Klippen. Von dort aus bietet sich Ihnen ein Blick, den Sie so schnell nicht vergessen werden. Nach der »beschwerlichen« Wanderung auf dem acht Kilometer langen Rundwanderweg haben Sie sich eine deftige Erbsensuppe oder einen »Eisenkuchen« redlich verdient!

Der beste Ausgangspunkt für Ihre Wanderung rund um die Dieteröder Klippen ist das Gasthaus »Schöne Aussicht«. Der Name lässt erahnen, was Ihnen neben den kulinarischen Leckereien des Eichsfeldes geboten wird. Ihr Weg führt durch eine malerische, teils unberührte Landschaft. Auf halbem Wege kommen Sie zum Naturparkzentrum Fürstenhagen. Im weithin sichtbaren Wasserturm des einstigen Bahnhofes ist auf vier Etagen die Naturparkausstellung untergebracht, die Ihnen Informationen über die Regionen Eichsfeld, Hainich und Werratal sowie ihre Geologie, Flora und Fauna bietet.

Mit Ihren Kindern sollten Sie unbedingt das Baumhaus besuchen! Der Weg dorthin führt teilweise auf einem alten Bahndamm entlang, wo sich seit der Stilllegung der Strecke die Tier- und Pflanzenwelt ihre Räume zurückerobert hat. Auch an Personen mit einem Kinderwagen und an Rollstuhlfahrer wurde gedacht: Vom Parkplatz an der Dieteröder Höhe führt ein gesonderter Pfad zu den Dieteröder Klippen.

Ach ja, den Verzehr von »Eisenkuchen« – leckeren Waffeln – dürfen Sie keinesfalls vergessen!

Informationen: Naturparkzentrum Fürstenhagen, Dorfstraße 40, 37318 Lutter. Tel.: 0361/573915640, www.naturpark-ehw.de. **Öffnungszeiten:** Mo–Do 9–16 Uhr, Fr 9–14 Uhr, Sa 14–17 Uhr, So/Fei 10–17 Uhr.

Anfahrt: A 38 Abfahrt Heilbad Heiligenstadt, Richtung Heiligenstadt/Uder/Lutter/Fürstenhagen.

Tipp von Claudia aus Heiligenstadt

5 Ohne Lokführer – Draisine fahren auf der Kanonenbahn

Langsam über die stillgelegten Gleise der ehemaligen Kanonenbahn durch das herrliche Eichsfeld reisen, Tunnel durchqueren, über Viadukte rollen und die wunderschöne Landschaft genießen. Mit der Fahrraddraisine vom Bahnhof Lengenfeld unterm Stein nach Küllstedt oder Geismar aus eigener Kraft und ohne Lokführer zu fahren, ist ein Erlebnis für die ganze Familie!

Die einstige im Volksmund »Kanonenbahn« genannte Strecke von Leinefelde nach Eschwege, die 1880 eröffnet wurde, gilt als eine der landschaftlich reizvollsten Eisenbahnstrecken Deutschlands. Aus wirtschaftlichen Gründen wurde der Eisenbahnverkehr 1992 eingestellt und die Bahnanlagen fielen einem Dornröschenschlaf anheim. 2002 begann der Kanonenbahnverein die Strecke zu beräumen und sie für Draisinenfahrten herzurichten.

Unterschiedliche Fahrten können Sie vom Startpunkt Bahnhof Lengenfeld unterm Stein aus unternehmen. Der 26 Kilometer lange Ausflug führt Sie von Lengenfeld nach Küllstedt. Sie überqueren den Lengenfelder Viadukt, der mit einer Länge von 244 Metern der längste im Eichsfeld ist. Vom Viadukt aus haben Sie einen faszinierenden Blick über den Ort Lengenfeld. Durch mehrere Tunnel, der längste ist der Küllstedter Tunnel mit 1.530 Metern Länge, und dichte Wälder fahren Sie bis zum Bahnhof Küllstedt und wieder zurück nach Lengenfeld. Wer es etwas kürzer mag, dem sei die Fahrt von Lengenfeld nach Geismar empfohlen. Vorbei an der Teufelsnase, wo sich einst eine Mühle befand, geht es bis zum Bahnhof in Geismar und wieder zurück zum Ausgangspunkt.

Besonders stimmungsvoll sind auch die »Abendfahrten«, die zwischen Juni und August angeboten werden und 18.30 Uhr in Lengenfeld beginnen. Im Bahnhof Lengenfeld können Sie nach einer erlebnisreichen Draisinenfahrt den Tag mit einem deftigen Imbiss in der »Kanonenbahn-Gaststätte« ausklingen lassen.

Informationen: Eichsfelder Kanonenbahn gGmbH, Bahnhofstraße 43,
99976 Lengenfeld unterm Stein.
Tel.: 036027/78866 (tgl. 10–12 und
14–17 Uhr), www.erlebnis-draisine.de
Öffnungszeiten: Abfahrten tgl. 9.30 und
13.30 Uhr, Juni–Aug. auch 18 Uhr.
Preise: Ab 56,00 € pro Draisine.
Anfahrt: A 38, Abfahrt Leinefelde/Din-
gelstädt oder Heiligenstadt, Landstraße
nach Lengenfeld unterm Stein; A 4,
Abfahrt Eisenach-West, Richtung
Creuzburg und Treffurt, hinter Treffurt
rechts nach Wendehausen/Diedorf/
Katharinenberg/Faulungen/Lengen-
feld unterm Stein; B 249 Mühlhausen
Richtung Eschwege, in Eigenrieden und
Struth Richtung Lengenfeld/Stein; B 27
Richtung Eschwege, Frieda/Geismar/
Lengenfeld.

Tipp von Michael aus Lengenfeld unterm Stein

6 Treiben Sie keine Possen – gehen Sie auf den Possen!

Den höchsten Fachwerkturm Europas können Sie auf dem Possen in der Nähe von Sondershausen erklimmen. Von dort aus haben Sie einen fantastischen Rundblick über die Hainleite. Doch der Possen bietet mehr als nur schöne Aussichten: einen Zoo mit Geparden, Braunbären und Rentieren sowie ein Jagdschloss mit gutbürgerlicher Küche und einem großen Spielplatz.

Der Freizeit- und Erholungspark liegt etwa fünf Kilometer von Sondershausen entfernt auf dem dicht bewaldeten Höhenzug der Hainleite. Wer einen kolossalen Rundblick genießen will, sollte auf den 42 Meter hohen Possenturm hinaufgehen. Von der Aussichtetage des ältesten und höchsten Fachwerkturms Europas können Sie vom Harz bis zum Thüringer Wald ganz Thüringen sehen – gutes Wetter vorausgesetzt. Auf dem Possen erwarten Sie darüber hinaus ein Jagdschloss mit Biergarten, ein Romantik-Restaurant, ein Tierpark mit Streichelzoo und ein Hochseilgarten. Drei Parcours, unter anderem kann man in sechs Metern Höhe Roller fahren, warten darauf, bezwungen zu werden. Zum Schluss geht's mit einer Seilbahn wieder zur Erde zurück. Für die kleinen Gäste gibt es einen Kinderkletterpark, der mindestens genauso viel Spaß macht wie der für Erwachsene. Am Ende einer Kastanienallee lockt ein kleiner Teich. Die großen Wiesen rund um den Erlebnispark laden zum Verweilen ein. Der alte Bärenzwinger aus dem Jahre 1867 macht deutlich, wie sich die Tierhaltung in Zoos verändert hat.

Informationen: Erlebnispark Possen, Possen 1, 99706 Sondershausen. Tel.:03632/782884, www.possen.de. Öffnungszeiten: Gasthaus Jagdschloss tgl. ab 10 Uhr (Nov.–März, Di–Fr ab 10 Uhr, Sa/So ab 11 Uhr).

Anfahrt: A 38 Abfahrt Nordhausen, B 4 Richtung Sondershausen.

Tipp von Nadin aus Weida

Kaiserliche Pracht – die Barbarossahöhle 7

Eigentlich hatten die Bergleute Kupferschiefer gesucht. Gefunden haben sie eine absolute geologische Rarität und die wohl schönste Höhle Thüringens – die Barbarossahöhle. Spazieren Sie durch die »Hexenküche«, den »Tanzsaal« oder die »Neptunsgrotte«, nehmen Sie Platz auf Kaiser Barbarossas steinernem Thron oder schauen Sie in den »Wolkenhimmel«!

Die Barbarossahöhle ist eine von weltweit nur zwei existierenden Schauhöhlen im Anhydritgestein und damit eine geologische Seltenheit. Das Farbenspiel im weißen bis grauen bizarr geformten Gestein macht den Reiz der Höhle aus. Ein Spaziergang durch diese faszinierende unterirdische Welt ist ein besonderes Erlebnis für Groß und Klein!

Nachdem das Kyffhäuserdenkmal Ende des 19. Jahrhunderts eröffnet worden war, erhielt die Höhle den Namen »Barbarossa« und wurde zum würdigen Aufenthaltsort des Kaisers erklärt. Der Sage nach ist Kaiser Barbarossa nicht gestorben, sondern schläft in einem unterirdischen Schloss, solange die Raben um den Berg fliegen. Er sitzt an einem Tisch aus Marmorstein, durch den im Laufe der vielen Jahrhunderte sein roter Bart gewachsen sein soll. Um der Sage gerecht zu werden, errichtete man aus prächtigen Gesteinsblöcken der Höhle im »Tanzsaal« den Tisch und Stuhl des Barbarossa. Die Wege in der Höhle sind gut zu laufen, die Temperatur beträgt konstant 9°C, Sie sollten also besonders in der warmen Jahreszeit unbedingt eine Jacke dabei haben.

Informationen: Barbarossahöhle im GeoPark Kyffhäuser, An den Mühlen 6, 99707 Kyffhäuserland, OT Rottleben. Tel.: 034671/5450, www.barbarossahoehle.de. Nach vorheriger Anmeldung können Rollstuhlfahrer eine verkürzte Führung erleben.
Öffnungszeiten: Apr.–Okt. tgl. 10–17 Uhr, Nov.–März Di–So 10–16 Uhr.

Preise: Erw. 8,50 €, Kinder (3–16 J.) 5,00 €, Familienkarte ab 24,00 €.
Anfahrt: Von Norden: A 38 Abfahrt Berga, B 85 Richtung Bad Frankenhausen/Rottleben.
Von Süden: Über B 85 Richtung Bad Frankenhausen/Rottleben.

Tipp von Anne aus Meiningen

8 Kyffhäuserdenkmal – in Stein gemeißelte Geschichte

Wuchtiges Mauerwerk, ein übergroßer Kaiser Barbarossa, ein riesiges Reiterstandbild Wilhelm I. – »Ihr Deutschen müsst endlich lernen, mit eurer Geschichte und euren Denkmälern zu leben«! – so lehnte die russische Stadtkommandantur das Ansinnen der Kommunisten ab, das Denkmal zu sprengen. So können wir noch heute unserer Geschichte »aufs Dach« steigen.

Kaum jemand kennt die offizielle Bezeichnung dieses Denkmals auf dem Kyffhäuser, das weit über das Land hinweg zu sehen ist: Kaiser-Wilhelm-Nationaldenkmal auf dem Kyffhäuser. Schnell hatte sich im Volksmund die viel kürzere und noch heute gebräuchliche Bezeichnung durchgesetzt. Ein großer Teil der einst 600 Meter langen Reichsburg Kyffhausen, die während der Regierungszeit Kaiser Friedrich I. Barbarossa (1152–1190) errichtet wurde, ist heute unter dem Denkmal verschwunden.

Die Wehrhaftigkeit dieser Burg wird spürbar, wenn Sie die drei Meter dicken Mauern des Bergfrieds sehen. Werfen Sie einen Blick in den mit 176 Metern tiefsten Burgbrunnen der Welt, der einst die Wasserversorgung der Burgbewohner garantierte. Die Unterburg, der besterhaltene Teil der einstmals dreigeteilten Burg, präsentiert sich mit einer eindrucksvollen geschlossenen Ringmauer in Originalgröße. Durch eine romantische Felsenschlucht gelangen Sie auf das Gelände des Kyffhäuserdenkmals. Dort empfiehlt sich der Aufstieg auf den 57 Meter hohen Turm.

Nach dem Spaziergang durch die deutsche Geschichte können Sie im Bistro »Kaiser-Picknick« ein kühles Getränk und einen kleinen Imbiss zu sich nehmen. Ihre Kinder toben so lange auf dem Spielplatz umher.

Informationen: Kyffhäuser-Denkmal, 06567 Steinthaleben.
Tel.: 034651/2780,
www.kyffhaeuser-denkmal.de.
Öffnungszeiten: Apr.–Okt.
tgl. 9.30–18 Uhr, Nov.–März 10–17 Uhr,
letzter Einlass jeweils 30 Minuten vor
Schließung.
Preise: Erw. 8,50 € (erm. 6,50 €),
Schüler/Studenten 4,50 €, Familienkarte ab
18,50 €, freier Eintritt mit der HarzCARD.
Anfahrt: Von Süden: Über B 85 Richtung
Kelbra.
Von Norden: A 38, Abfahrt Berga
oder Roßla, weiter B 85 Richtung
Bad Frankenhausen.
Navigation – Kyffhäuser,
06567 Steinthaleben.

Tipp von Janina aus Mühlhausen

9 Nicht nur ein Freibad – ein Naturschwimmbad!

Eine ehemalige Kiesgrube bieten viele Städte als Bademöglichkeit. Aber eine Kiesgrube, die mit solchem Aufwand und glücklichem Händchen zu einem Naturschwimmbad geworden ist, bietet nur Heldrungen! Schwimmen Sie mit den Fischen um die Wette, entspannen Sie auf 1,6 Hektar Liegewiese. Abends noch nach Hause fahren? Nein? Kein Problem: Sie können sich einfach einen »Hugo« mieten!

Wer nennt seinen Baggersee »Naturschwimmbad«? Leute, die stolz auf das von ihnen Geschaffene sind. Und das können die Heldrunger auf jeden Fall sein. Aus einer Kiesgrube haben sie ein traumhaftes Paradies geschaffen. Die Wasserqualität wird von der EU als »ausgezeichnet« eingestuft. Ob Sie nun im naturbelassenen Badesee mit den Fischen um die Wette schwimmen oder sich vom Drei-Meter-Turm in die Fluten stürzen: Sie werden Ihren Spaß haben!

Für die lieben kleinen Nichtschwimmer gibt es ein entsprechendes separates Becken. Sollten Sie Durst oder Hunger verspüren: Das Bistro ist geöffnet, wenn das Schwimmbad – Verzeihung! Naturschwimmbad – geöffnet ist. Tischtennis und Beachvolleyball kann auch gespielt werden, vorausgesetzt Sie finden jemanden, der nicht durch die Seerosen schwimmen möchte.

Sollten Sie den Zeitpunkt zur Fahrt nach Hause verpasst haben, mieten Sie sich einen »Hugo«. Hugo ist ein Campinganhänger, der mit allem Nötigen ausgestattet wurde, um darin eine oder mehrere Nächte zu verbringen. Auch ein Zelt können Sie unkompliziert auf dem benachbarten Bedarfscampingplatz mieten. Frühstück inklusive!

Informationen: Naturbad Heldrungen,
Oldislebener Weg 22,
06577 Heldrungen.
Tel.: 034673/98028, www.stadt-
heldrungen.de/schwimmbad.html.
Öffnungszeiten: Mai–Sept. 12–19 Uhr
(während der Thüringer Sommerferien
10–20 Uhr),

Zett-Inn (Bistro): Mo/Di 11–20 Uhr,
Mi-So 11–22 Uhr.
Preise: Erw. 2,00 €, Kinder 0,50 €.
Anfahrt: B 86 Straußfurt–Hettstedt oder
B 85 Weimar–Berga bis Heldrungen.

Tipp von Kerstin aus Heldrungen

10 Süße Versuchungen – Goethe-Chocolaterie

Von der Ernte der Kakaofrucht bis zur Herstellung zart schmelzender Schokolade: Die Schokoladenstube der Goethe-Chocolaterie gewährt Ihnen einen Einblick in eine Welt voller süßer Versuchungen. Schauen Sie den Chocolatiers bei der Herstellung zu, erfahren Sie vieles rund um den Kakao. Naschen Sie!

Süße Versuchungen lauern überall, vor allem in der Goethe-Chocolaterie in Oldisleben. Aber Schokolade macht auch glücklich und nicht nur dick! Wie aus den Kakaofrüchten leckere, zart schmelzende Schokolade wird, können Sie in der Manufaktur mit allen Sinnen erleben. Rufen Sie einfach an und vereinbaren Sie eine Führung durch die Manufaktur oder besuchen Sie den täglich stattfindenden 45-minütigen Vortrag, bei dem Sie Interessantes aus der Welt des Kakaos und der Schokoladenherstellung erfahren. Die süßen Kreationen der Chocolatiers schmecken nochmal so herrlich, wenn Sie in der Schokoladenstube bei der Herstellung zugeschaut haben. Für Zuhause können Sie sich im Werksverkauf eindecken oder auch Ihre eigenen Schokoladen-Taler gießen (tgl. 11 Uhr, 14,99 €). Was für ein Fest! Und wie schon gesagt: Schokolade macht glücklich!

Informationen: Goethe-Schokoladentaler-
manufaktur, Gewerbegebiet 13,
06578 Oldisleben.
Tel.: 034673/776550,
www.goethe-schokoladentaler.de.
Öffnungszeiten: Di–So 11–17 Uhr.

Preis: Führung mit Verkostung: 13,95 €
p. P.
Anfahrt: B 85 Richtung Bad Frankenhausen.

Tipp von Christina aus Bad Frankenhausen

11 Die legendärsten Eisenbahn-linien im Maßstab 1:87

Als es noch keine Computerspiele gab, bastelten viele Väter und Söhne, sehr zum Leidwesen der Mütter, im Wohnzimmer an einer Modelleisenbahn. Der Traum einer richtig großen Modelleisenbahnanlage wurde in Wiehe Realität: Hier finden sich auf einer Fläche von über 20.000 Quadratmetern unzählige Wagen und Lokomotiven sowie die längste (Modell-)Eisenbahnbrücke der Welt!

Selbst gestandene Modelleisenbahner geraten in Wiehe ins Schwärmen. Hier wurde die ganze Welt unter ein Dach geholt: quer durch die USA von West nach Ost, mit dem legendären »Orient-Express« von London (über Thüringen) nach Istanbul oder mit dem ICE von Hamburg nach Würzburg. Als Thüringer müssen wir natürlich die größte Modellanlage unserer Heimat vorbehalten: 120 Zuggarnituren mit ebenso vielen Lokomotiven und über 1.000 Waggons, zwei Schnelltriebwagen und drei ICE-Züge befinden sich im vollautomatischen Dauereinsatz.

Auf 500 Quadratmetern können Sie den Zugverkehr auf zwei zweigleisigen Hauptstrecken, auf der ICE-Magistrale und sechs Nebenbahnen verfolgen. Im südlichen Teil der Anlage sehen Sie die alte Hauptstrecke Eisenach–Erfurt–Weimar. Wie im richtigen Leben befindet sich auf der Nordseite die Hauptbahn von Leinefelde über Nordhausen und Blankenhain. Die alte Werrabahn nach Meiningen zweigt in Eisenach ab. Die wohl interessanteste Strecke ist aber die alte »Kanonenbahn« im Abschnitt Leinefelde–Geismar.

Wer die ganze Welt bereist, muss zwischendurch auch etwas essen: Die Gaststätte »Zur Modellbahn« können Sie nicht verfehlen.

Informationen: Modellbahn Wiehe, Am Anger 19, 06571 Wiehe. Tel.: 034672/83630, www.modellbahn-wiehe.de.

Tipp von Monika aus Schmalkalden

Öffnungszeiten: Modellbahnanlage und Gastronomie tgl. 10–18 Uhr. Preise: Erw. 10,00 €, Kinder (4–14 J.) 5,50 €, Familienticket ab 25,00 €. Anfahrt: A 71 bis Sömmerda, weiter auf B 176 Richtung Lossa, nach Schafau links Richtung Wiehe.

Den Germanen auf der Spur – die Funkenburg Westgreußen 12

Die Thüringer waren einst ein Stamm der Germanen, die vom 2. Jahrhundert vor Christus bis ins 1. Jahrhundert nach Christus nicht nur in Westgreußen siedelten. Die nahezu vollständig erhaltene Funkenburg diente als deren Wehranlage und ist einzigartig in Mitteldeutschland. Begeben Sie sich auf die Spuren der alten Germanen und blicken Sie auf das Leben in der Eisenzeit!

Einmalig in Deutschland ist die Rekonstruktion einer germanischen Siedlung im Freilichtmuseum Funkenburg. Auf einem markanten Bergsporn über dem landschaftlich reizvollen Helbetal gelegen, wurde sie vom 2. Jahrhundert v. Chr. bis zum frühen 1. Jahrhundert n. Chr. bewohnt. Archäologen legten nicht weniger als 60 Hütten und 50 Gruben frei, die teils für Vorräte, teils für Abfälle dienten. Das größte Pfostenhaus maß 8 x 14 Meter, wahrscheinlich wohnte dort das Oberhaupt der Sippe. Die Anlage war mit einem Vor- und Hauptwall, Palisaden und Gräben befestigt. Die Funde an Keramik und anderen Artefakten weisen auf Kontakte zu Kelten und Römern hin. Nicht alle Häuser dieser Siedlung konnten nachgebaut werden. Eine repräsentative Auswahl ist aber heute zu sehen und ermöglicht Einblicke in die Alltagskultur der Menschen in der Eisenzeit.

Museumspädagogische Angebote wie Töpfern, Backen, Wollbearbeitung, das Knüpfen von Fischernetzen oder Bogenschießen machen den Alltag der Germanen erlebbar. Zum jährlich stattfindenden Funkenburgfest stellen die Mitglieder des Funkenburgvereins Elemente der früheren Lebens- und Arbeitsweise in zeittypischen Gewändern nach – ein unvergessliches Erlebnis!

Informationen: Freilichtmuseum Funkenburg, Rohnstedter Straße, 99718 Westgreußen. Tel.: 03636/704616, www.funkenburg-westgreussen.de. **Öffnungszeiten:** Ostern–Okt. Mi–Fr 10–17 Uhr, Sa, So 12–17 Uhr, außerhalb der Öffnungszeiten nach Absprache. **Preise:** Erw. 4,00 €, Kinder ab 13 J./ Studierende/Behinderte 2,50 €, Kinder (6–12 J.) 2,00 €. **Anfahrt:** B 4 Richtung Nordhausen, in Greußen der Ausschilderung »Funkenburg« folgen.

Tipp von Katrin aus Gebesee

13 Im Garten des ewigen Glücks – in Weißensee

Der »Garten des ewigen Glücks« ist das Sinnbild für die Harmonie zwischen Mensch und Natur. In Weißensee erwartet Sie eine einmalige Gartenlandschaft, in der die Harmonie zwischen den sieben Dingen »Erde, Himmel, Steine, Wasser, Gebäude, Wege und Pflanzen« einzig dem achten Element dient: dem Menschen. Hier finden Sie Ihre innere Ruhe wieder!

In keinem Ort in Thüringen ist das Hochmittelalter so authentisch zu erleben wie in Weißensee: Hier finden Sie das älteste Rathaus Deutschlands (1351 erstmals erwähnt), hier wurde die erste Landesordnung in Deutschland (1446) beschlossen und das vielleicht älteste Reinheitsgebot für das Bierbrauen, die »Statuta thaberna« (1434), aufgeschrieben. Auf alle Fälle hat Weißensee Thüringer Geschichte geschrieben. Aber nicht nur das, die Stadt bietet dazu noch den größten chinesischen Garten Deutschlands! Hier finden Sie Ihre innere Ruhe und Ausgeglichenheit wieder.

Wandeln Sie auf den gewundenen Pfaden durch diese meditative fernöstliche Gartenlandschaft, die dem Prinzip der Harmonie folgt. Dieser Einklang aus Erde, Himmel, Steinen, Wasser, Gebäuden, Wegen und Pflanzen wird Sie gefangen nehmen und gestärkt wieder freigeben. Kehren Sie ein in den Tee- und Kaffeepavillon und genießen Sie die Ruhe dieses Ortes.

Sollten Sie nicht wissen, wo Sie Ihrer oder Ihrem Liebsten das Ja-Wort geben sollen, vielleicht wählen Sie den Hochzeitspavillon im chinesischen Garten in Weißensee?

Informationen: Chinesischer Garten/Stadtinformation Weißensee, Marktplatz 26, 99631 Weißensee. Tel.: 036374/361016, www.weissensee.de. Der Zugang zum Garten ist barrierefrei. **Öffnungszeiten:** Di–Do 12–18 Uhr, Fr–So/ Fei 10–18 Uhr, Mo geschlossen.

Preise: Erw. 5,00 €, Kinder (7–16 J.) 2,00 €, Familienkarten ab 7,00 €. **Anfahrt:** A 71 Abfahrt Sömmerda-Süd, B 176 Richtung Sömmerda, dort auf B 176 Richtung Straußfurt, hinter Sömmerda nach rechts Richtung Weißensee.

Tipp von Peter aus Weißensee

14 Thüringen von oben – mit dem Hubschrauber in der Luft

Einem Hubschrauberpiloten gebührt höchster Respekt. Wenn er uns dann noch über die sanften Hügel, grünen Wälder und beeindruckenden Berge Thüringens fliegt, sind wir ihm für einzigartige Aussichten auf das Land unter uns und ein unvergessliches Erlebnis dankbar. Die wichtigsten Sehenswürdigkeiten kennen wir bereits, doch haben wir schon einmal einen Blick aus der Vogelperspektive darauf geworfen?

Vom Flugplatz Sömmerda-Dermsdorf aus starten Sie mit einem Bell 206 Jet Ranger oder einem Robinson R 44 zu einem Rundflug über Thüringen. Sie bestimmen in Absprache mit dem Piloten Ihre ganz individuelle Flugroute. Ob Sie nun die klassischen Sehenswürdigkeiten Thüringens einmal von oben sehen oder »einfach nur die Aussicht« genießen wollen – dieser Tag wird Ihnen in Erinnerung bleiben. Genießen Sie Ihren exklusiven Flug, der je nach Budget zwischen 20 Minuten und fünf Stunden dauern kann.

Ein ganz besonderes Ereignis ist sicher ein Heiratsantrag, den Mann seiner Auserwählten im Hubschrauber macht! Und welche Frau kann bei so viel Romantik widerstehen?

antenne THÜRINGEN TIPP

Fliegen Sie doch einmal selbst einen Hubschrauber! Ein erfahrener Fluglehrer steht Ihnen dabei zur Seite. Sie nehmen auf dem Pilotensessel Platz, steuern den Helikopter und bestimmen selbst, wo es langgeht! Vorkenntnisse sind nicht erforderlich, man braucht nur etwas Mut. Das ist dann wohl das Größte, was Sie an diesem Tag erleben. Hinterher haben Sie bestimmt eine ganze Menge zu erzählen …

Informationen: Flugplatz Sömmerda-Dermsdorf, Am Flugplatz Söm-merda-Dermsdorf, 99625 Kölleda. Tel.: 0800/0700130 (Mo–Fr 8–12/13–17 Uhr), www.hubschrauberflug.de/de/standorte/flugplatz/90/erfurt-sömmerda-dermsdorf.

Termine müssen individuell vereinbart werden.
Preise: Rundflüge: ab 150,00 €.
Anfahrt: A 71 Richtung Sömmerda, Abfahrt Sömmerda-Ost, B 176 Richtung Kölleda, hinter Frohndorf Richtung Dermsdorf abbiegen.

Tipp von Barbara aus Erfurt

15 Wanderung mit den Lamas Max, Pasco, Oskar und Cäsar

Das bekannteste Lama in Deutschland dürfte wohl immer noch »Horst« aus dem Leipziger Zoo sein, auch wenn er seit 2019 im Lama-Himmel ist. Doch auch in Thüringen tragen Lamas Namen: In Herbsleben heißen sie Max, Cäsar, Oskar und Pasco. Durchatmen, der Hektik des Alltags entfliehen, zur Ruhe kommen und sich von der Gelassenheit der Lamas anstecken lassen: Dies alles bietet eine Wanderung durch die herrliche Landschaft rund um Herbsleben, begleitet von den Unstrut-Lamas.

Lamas, in den Gebirgsregionen Südamerikas beheimatet, sind dort eines der wichtigsten Lasttiere. Aber auch ihre Wolle wird gern weiterverarbeitet. Seit einigen Jahren werden Lamas zunehmend auch in Deutschland als Nutztiere gehalten. Sie sind hervorragende Begleit- und Tragtiere. Da die Tiere friedlich, neugierig und absolut kinderfreundlich sind, eignen sie sich auch bestens für Familienwanderungen.

Die Scheu vor den Lamas verfliegt schnell nach der Einweisung. Ihre großen neugierigen Augen, ihr kuscheliges Fell und ihr gutmütiges Verhalten erwecken ein Gefühl von Sicherheit. Ein geflügeltes Wort in Herbsleben lautet: »Geh mit Lamas, sie helfen dir beim Langsamgehen.« Und diese Zeit sollten Sie sich auf Ihrer Wanderung durch die wildromantische Unstrut-Aue wirklich nehmen.

Informationen: Alina Kroll, Valentin-Thau-Straße 13, 99955 Herbsleben. Tel.: 036041/503629, www.unstrut-lamas.de. **Preise:** Wanderung (ca. 2 h): 39,00 € p. P. (Kinder bis 6 J. frei, Kinder bis 12 J. 15,00 €), Mindestteilnehmerzahl: 2. Weitere Angebote erhältlich. **Anfahrt:** B 4 Erfurt–Nordhausen bis Andisleben, weiter auf B 176 Richtung Bad Langensalza, in Döllstädt Richtung Bad Tennstedt abbiegen.

Tipp von Dorothée aus Niederdorla

16 Das Thüringer Königreich – was davon blieb

Thüringen ein Königreich? Seit dem Jahr 531 nicht mehr. Den Ort zu finden, wo die Thüringer von den Franken besiegt wurden, wird nicht gelingen. Doch in Herbsleben hatten die Thüringer Könige ihre Hofstatt. Das Schloss wurde teilweise wieder aufgebaut. Wer noch weiter in die Vergangenheit reisen will: Der Thingplatz »Tretenburg« ist nur knapp sieben Kilometer entfernt, nördlich von Gebesee.

Dass Thüringen ein Königreich war, liegt fast 1500 Jahre in der Vergangenheit, doch Spuren dieses Reiches sind auch heute noch zu finden, zum Beispiel in Herbsleben. Dort, wo sich heute die Schlossruine befindet, hatten die Thüringer Könige einst ihren Hofstaat. Später wurde an selber Stelle erst eine Feudalburg und schließlich das Schloss Herbsleben gebaut, welches 1958 abgerissen wurde. Seit 15 Jahren wird das Schloss wieder aufgebaut und das Gelände archäologisch untersucht. Die imposante dreibogige Brücke aus dem ausgehenden 17. Jahrhundert über den ursprünglich dreißig Meter breiten und sechs Meter tiefen Burggraben ist inzwischen freigelegt und restauriert. Wer gemütlich auf dem Unstrut-Radweg (www.unstrutradweg.de) die Landschaft durchstreift, kann anschließend noch den frühgeschichtlichen Kult-, Versammlungs- und Gerichtsort Tretenburg nördlich von Gebesee besuchen. Schon in der Bronzezeit trafen sich unsere Vorfahren hier. Die Rundsicht vom Hügel ist wirklich einmalig.

Informationen: Schlossruine Herbsleben, Hauptstraße 59, 99955 Herbsleben. www.gemeinde-herbsleben.de. Öffnungszeiten: März–Nov. tgl. 9–17 Uhr. Führungen (ab 10 Personen) nur auf

Anfrage. Tel.: 0173/3887358 oder 036041/56279.
Anfahrt: B 4 Richtung Nordhausen, B 176 Richtung Bad Langensalza, in Döllstedt Richtung Bad Tennstedt abbiegen.

Tipp von Werner aus Gebesee

17 Jetzt geht's um die Wurst! – Bratwurstmuseum Mühlhausen

Was den Pfälzern der Saumagen und den Bayern das Backhendl, ist uns Thüringern die heiß geliebte Bratwurst. Jeder hat seine Lieblingswurst von seinem Lieblingsfleischer. Wer uns unser Nationalgericht gegeben hat, erfahren Sie im 1. Deutschen Bratwurstmuseum. Selbstverständlich können Sie hier frisch zubereitete Bratwürste genießen.

Eigentlich sollte schon alles fertig sein am neuen Standort des 1. Deutschen Bratwurstmuseums in Mühlhausen. Dann kam die Corona-Pandemie und brachte die Pläne durcheinander. Dennoch – das Bratwurstmuseum begrüßt seine Gäste in zwei Ausweichquartieren. Das Bratwursttheater hat im Hotel »Stadt Mühlhausen« Asyl gefunden. Hans Wurst nimmt die Zuschauer mit auf einen kurzweiligen Abend mit allerlei Possen und Späßen. Selbstverständlich gibt es, passend zur Thematik, ein üppiges Thüringer Spezialitätenbuffet – denn Hans Wurst ist kein Freund von wenig Essen. Aufführungstermine finden Sie auf der Webseite des Bratwurstmuseums.

Das zweite Heim auf Zeit ist das Hotel »Mühlhäuser Hof«. Im Atrium des Hotels ist die Ausstellung „Bratwurstmuseum unterwegs" zu sehen, eine abgespeckte Version der Gesamtausstellung des Bratwurstmuseums. Hier erfahren Sie allerlei Wissenswertes rund um das Thüringer Identitätsmerkmal und – wie könnte es anders sein – natürlich gibt es frisch gebratene Bratwurst. Im Museumsshop können Sie sich mit den nötigen Utensilien eindecken, die zu einem zünftigen Bratwurstschmaus gehören. Mitte 2022 steht dann der Umzug in die neuen Räumlichkeiten an.

Informationen: 1. Deutsches Bratwurst-museum, Am Stadtwald 60, 99974 Mühlhausen (Adresse ab etwa Mitte 2022). Tel.: 03601/8571891, www.bratwurstmuseum.de. Ausweichquartier Bratwursttheater: Hotel »Stadt Mühlhausen«, Kasseler Straße 5, 99974 Mühlhausen. Termine unter www.bratwurstmuseum.de. Ausweichquartier Bratwurstmuseum: Hotel »Mühlhäuser Hof«, Steinweg 56, 99974 Mühlhausen. Öffnungszeiten: Di–So 11–18 Uhr. Eintritt: frei.

Tipp von Sabrina aus Ichtershausen

18 Auf Seilen durch den Wald – Kletterwald Hainich

So nahe kommen Sie Bäumen nur selten, schon gar nicht in einer Höhe von 18 Metern. Über Drahtseile durch den Hainich zu klettern, macht riesigen Spaß und ist ein Erlebnis für die ganze Familie! Abstürze sind ausgeschlossen, dafür sorgt das spezielle Sicherungssystem. Etwas Mut erfordert es dennoch, auf einem Drahtseil durch den Wald zu balancieren.

Im Kletterwald Hainich erwarten Sie neun verschiedene Parcours, die Sie durchklettern können. Nach einer Einweisung am Boden, bei der Sie mit der Sicherungstechnik vertraut gemacht werden, können Sie sich einen der Parcours aussuchen. Von »ganz leicht« bis »extrem schwierig« ist für jeden etwas dabei. Kinder ab fünf Jahren können (in Begleitung eines Erwachsenen) ihre Fähigkeiten auf den Strecken »Buntspecht«, »Wildkatze« oder »Eichhörnchen« unter Beweis stellen. Die Höhen der Parcours liegen bei 1,5 bis 2 Metern.

Ganz Mutige nehmen die Herausforderungen von »Fledermaus«, »Wildschwein« und »Fuchs« gerne an und bewegen sich in einer Höhe von bis zu 18 Metern. Sie können sich wie Tarzan von Baum zu Baum schwingen (natürlich nicht nur an einer Liane hängend), über wackelige Brücken balancieren oder per Seilbahn 120 Meter durch die Baumwipfel schweben. Zum Schluss ein Sprung von der Sieben-Meter-Plattform und die Erde hat Sie wieder! Das ist aktive Erholung, wie sie vom Arzt verordnet werden sollte.

Informationen: Kletterwald Am
Reckenbühl GmbH, Philipp Pollak, Am
Reckenbühl, 99986 Kammerforst.
Tel.: 036028/378390 (nur während der
Öffnungszeiten) oder 0160/8088046,
www.kletterwald-hainich.de.
Öffnungszeiten: Siehe Webseite.
Preise: Erw. 20,00 €, Kinder ab 12,00 €.

Anfahrt: Von Eisenach aus: L 1016
Richtung Kammerforst.
Von Bad Langensalza aus: L 2103/L 1042
Richtung Schönstedt/Weberstedt/Kam-
merforst.

Tipp von Daniel aus Oppershausen

19 Über allen Wipfeln ist ... herrliche Aussicht!

Etwa eine Autostunde nordwestlich von Erfurt, in der Nähe von Bad Langen-salza, lädt der Baumkronenpfad im Nationalpark Hainich Sie zu einem Spazier-gang in rund 20 Metern Höhe durch die Wipfel des letzten Urwalds in Thüringen ein. Der etwa 300 Meter lange Pfad, der auch für Rollstuhlfahrer geeignet ist, ermöglicht Ihnen Ein- und Ausblicke, die unvergessen bleiben.

Besonders im Herbst, wenn die Blätter der Laubbäume rot und golden in der Sonne leuchten, ist der Baumkronenpfad ein beliebtes Ausflugsziel. Seit 2011 gehört der Nationalpark Hainich zum gemeinsamen UNESCO-Weltnaturerbe »Buchen-Urwälder der Karpaten und Alte Buchenwälder Deutschlands«.

Für Kinder gibt es neben dem Baumkronenpfad auch noch den WiKaKiWa: den WildKatzenKinderWald. Dieser Abenteuer-spielplatz mit skurrilen Gebilden, die als Spielgeräte dienen und ganz nebenbei besondere Kunstobjekte sind, liegt in unmittelbarer Nähe zum Baumkronenpfad. Das Kletterlabyrinth und die Kriechtunnel ziehen Kinder magisch an, zumal Erwachsene dort gar nicht hineinpassen. Schon der Name WildKatzenKinderWald klingt verwunschen und macht neugierig auf das, was dahinter-steckt. Angeblich warten zehn Waldgeister im WiKaKiWa auf ihre Erlösung. Die Kinder müssen aber alle zehn Wesen an einem Tag finden. Ob das wohl klappt? In jedem Fall gibt es hier in der Natur viel zu entdecken.

Informationen: Nationalpark Hainich, Baumkronenpfad, Tel.: 03603/892464 (Nationalparkzentrum), www.nationalpark-hainich.de. Der Baumkronenpfad ist auch für Menschen mit Mobilitätseinschränkungen zugänglich!

Öffnungszeiten: Apr.–Okt. tgl. 10–19 Uhr, Nov./Dez./Mrz. tgl. 10–16 Uhr, Jan./Feb. tgl. 10–16 Uhr (witterungsabhängig).

Preise: Baumkronenpfad und Nationalparkzentrum: Erw. 11,00 €, Schüler (ab 13 J.) 4,00 €, Kinder (6–12 J.) 2,00 €, Ermäßigte 9,00 €.

Anfahrt: B 4 Richtung Nordhausen, B 176 Richtung Bad Langensalza, B 84 Richtung Eisenach, in Reichenbach Richtung Craula/Nationalpark Hainich, Baumkronenpfad.

Tipp von Ilona aus Rodeberg

20 Unberührte Natur im Hainich bei Kammerforst

Manchmal ist es ein Segen, wenn Wälder deshalb unberührt bleiben, weil sie vom Militär zum Sperrgebiet erklärt wurden. So war es auch bei großen Teilen des Waldes im Hainich. Seit der Eröffnung des Nationalparks ist er mit 5.500 Hektar die größte nutzungsfreie Waldfläche Deutschlands. Erleben Sie einen der letzten Urwälder unseres Landes!

Die Rundwanderwege im Hainich bieten Ihnen die einmalige Gelegenheit in einem der letzten Urwälder Deutschlands eine ursprüngliche und wild wachsende Pflanzenwelt zu entdecken. Besonders empfehlenswert sind der Betteleichenweg und der Wanderweg »Craulaer Kreuz«. Vom Parkplatz »Am Obergut« in Kammerforst wandern Sie in den Nationalpark hinein. Durch den »Bechstädter« und »Thamsbrücker Grund« erreichen Sie die über 800 Jahre alte Betteleiche. Der merkwürdig verwachsene Baum erhielt seinen Namen von den Menschen, die in früherer Zeit hier ihre Opfergaben für Bettelmönche ablegten. Von April bis Oktober können Sie an der Betteleiche einen Imbiss erhalten. Nicht verpassen sollten Sie die Mittsommernacht an der Betteleiche: In mystisches Licht getaucht, ist der Wanderweg auch in der Dämmerung zu erkennen und die Atmosphäre in der kürzesten Nacht des Jahres ist so wundervoll, dass Sie ins Träumen geraten.

Der Wanderweg »Craulaer Kreuz« führt zu einem Steinkreuz, das vermutlich im 16. Jahrhundert für einen Verunglückten aufgestellt wurde. Gasthäuser und Unterkünfte für müde Wanderer gibt es genügend.

Informationen: Nationalpark-Information Kammerforst, Straße der Einheit, 99986 Kammerforst. Tel.: 0361/573913111, www.nationalpark-hainich.de.

Tipp von Thomas aus Ammern

Öffnungszeiten: Infopunkt Kammerforst: Apr.–Okt. tgl. 10–18 Uhr, Nov.–März tgl. 10–16 Uhr.
Anfahrt: A 4 Abfahrt Eisenach-Ost, B 84 Richtung Bad Langensalza, B 247 Richtung Schönstedt, dort nach Kammerforst abbiegen.

Einst ein Wasserspeicher – Wangenheimer Stausee

Erholung pur mit allem Drum und Dran, fantastische Sonnenuntergänge, Sport, Spiel und Wandern – der Wangenheimer Stausee ist ein herrlicher Ort, um dem Alltag zu entfliehen. Der Wanderweg rund um den See lädt zu Spaziergängen ein und vom höchsten Punkt des Weges eröffnet sich Ihnen ein tolles Panorama!

Das Freizeitzentrum »Staussee Wangenheim« bietet neben den vielseitigen Betätigungen zu Wasser auch Abwechslung zu Land. Kinder können sich auf dem Kinderspielplatz mit Sandkasten, Rutsche, Wippe und Seilbahn austoben, die »Großen« spielen währenddessen Volleyball oder Tischtennis. Wer sein Fahrrad vergessen hat, kann sich eines ausleihen oder auf dem nahe gelegenen Reiterhof hoch zu Ross seine Zeit verbringen. Geführte Wanderungen mit Wildbeobachtung können auf Anfrage organisiert werden.

Wer Entspannung sucht, kann sich gemütlich in einen der Strandkörbe oder bei Kaffee und Kuchen auf die Sonnenterasse des Gasthofes setzen und die Sonne genießen. Des Abends empfiehlt es sich, in der Gemeinschaft am Grillplatz zu grillen und unter dem Pavillon bei Bratwurst, Rostbrätel oder Bratfisch genüsslich zu essen und zu plauschen. Zum Abschluss des Tages darf man sich auf keinen Fall den wunderschönen Sonnenuntergang am Strand entgehen lassen! Am nächsten Tag sollten Sie unbedingt das Freibad in Warza besuchen.

Informationen: Naherholungsgebiet Wangenheimer Stausee, 99869 Wangenheim. www.campingplatz-wangenheim.de.

Anfahrt: A 4 Abfahrt Gotha, B 247 Richtung Gotha/Bad Langensalza, in Warza links Richtung Goldbach/Wangenheim.

Tipp von Helmut aus Geisa

22 Lago di Alpi – der Alperstedter See

Der Alperstedter See ist der größte der Erfurter Seen und ein herrliches Stück Thüringen, das nicht nur durch die Drachenboot-Rennen bekannt ist. Hier kommen alle Wasserratten auf ihre Kosten. Segeln, Surfen, Tauchen und dazu ein Spielplatz, eine riesige Liegewiese und der einzige Leuchtturm Thüringens. Da braucht man nicht ans Meer.

Wer »Alperstedter See« hört, denkt sofort an Drachenboot-Rennen, Segeln, Surfen und Tauchen. Dass der See noch mehr ist, entdeckt der Wanderer, der um den See herum die Natur genießen kann. Während am Nordufer die Kiesproduktion dominiert, sind die anderen Uferbereiche der Freizeit vorbehalten. Der familienfreundliche Rast- und Spielplatz am Südwestufer des Alperstedter Sees bietet ca. zwei Hektar Liegewiese, einen Beach-Volleyballplatz, Spielgeräte, Rastmöglichkeiten und eine Feuerstelle. Im Schatten des einzigen Leuchtturms Thüringens kann man sich stärken (Öffnungszeiten: Apr.–Okt.: Di–Fr 14–21 Uhr, Sa/So 11–21 Uhr, Mo geschlossen). Am gegenüberliegenden Ostufer lädt die gemütliche Gaststätte »Treff am See« zu deftigen Speisen der Thüringer Küche ein. Sportlich geht es im »Club Maritim Erfurt« zu, der ebenfalls am Ostufer sein Domizil hat. Zahlreiche Seesportwettbewerbe locken viele Zuschauer zum Alperstedter See, doch den größten Spaß haben wohl alle beim legendären Drachenbootrennen.

Informationen: Gaststätte Treff am
See, Alperstedter Weg 1, 99195 Erfurt.
Tel.: 036204/790133,
www.gaststaette-treff-am-see.de.
Öffnungszeiten: Mai–Okt. Di–Fr
17–22 Uhr, Sa 12–22 Uhr, So 11–22 Uhr,
Mo geschlossen.

Anfahrt: A 71, Abfahrt Erfurt-Stottern-
heim/ L 1051 Richtung Stotternheim/
Alperstedt.

Tipp von Bärbel aus Erfurt

23 300 Jahre Begräbniskultur – Camposanto Buttstädt

Friedhöfe wie der Camposanto in Buttstädt sind selten in Mitteldeutschland. Von 1591 bis 1861 wurden hier Tote bestattet. Grabmale aus Renaissance, Barock, Klassizismus, Romantik und Biedermeier zeigen den Wandel in der Grabmalkunst. Dieses architektonische Kleinod strahlt eine einzigartige Ruhe und Spiritualität aus, die uns Kraft verleihen.

Nur in Eisleben und Halle gibt es vergleichbare Friedhöfe, der Camposanto ist also durchaus eine Seltenheit, die einen Besuch lohnt. Wie viele Tote tatsächlich hier ihre letzte Ruhestätte gefunden haben, ist heute nicht mehr zu klären. Die verbliebenen Grabmale zeigen aber sehr anschaulich, wie sich die Grabmalkunst von der Renaissance über den Barock, den Klassizismus, die Romantik und den Biedermeierstil entwickelt hat. Prächtige Grabsteine und Epitaphien zeigen die Stellung der Toten im Reich der Lebenden und sind architektonisch und kunsthistorisch interessant. Unter den das Gräberfeld umgebenden Arkaden sind 40 Steine zu finden und auf der Freifläche über 100 Grabmale. Das wohl älteste Grabmal ist auch eines der schlichtesten, es nennt den Namen Anna Margareta Seiler. Besonders anrührend ist der aus der Romantik stammende Grabstein, der einen Eichenstamm darstellt: Er steht direkt neben einem Eichenbaum, der durchaus zeitgleich zum Grabmal gepflanzt worden sein kann. Aus der jüngsten Nutzungsperiode des Buttstädter Friedhofes stammen die gusseisernen Grabkreuze.

Gelegentlich wird das Friedhofsgelände auch für Sommerkonzerte genutzt, ein Besuch lohnt sich auf jeden Fall!

Informationen: Förderverein Histo-
rischer Friedhof Buttstädt e.V., Am
Alten Friedhof 31a, 99628 Buttstädt.
Tel.: 036373/90196,
www.alter-friedhof-buttstaedt.de.
Eine telefonische Anmeldung zur
Besichtigung ist ratsam.

Anfahrt: A 4 Abfahrt Weimar, B 85 Richtung Bad Frankenhausen, nach
Buttelstedt Richtung Buttstädt abbiegen.

Tipp von Olaf aus Buttstädt

24 Haus auf dem See – Hüttendorf Eberstedt

Eine romantische Art zu übernachten bietet sich Ihnen im schwimmenden Hüttendorf Eberstedt, unmittelbar an der historischen Ölmühle. Sanft schaukelnd, vom leisen Plätschern des Wassers begleitet, werden Sie schlafen wie ein satter Säugling! Tagsüber können Sie die nähere Umgebung erkunden und allerlei interessante Dinge erfahren.

Nach einem anstrengenden Tag auf der Erlebnisinsel mit großem Spielplatz, Tiergehege und vielen sportlichen Möglichkeiten oder nach Ihrem Ausflug in die nähere Umgebung von Eberstedt finden Sie in den schwimmenden Hütten auf dem Mühlensee ein ungewöhnliches und romantisches Nachtlager. In den Hütten, die mit dem Steg fest verbunden sind, finden bis zu sechs Personen Platz. Die Einrichtung der beheizbaren Hütten ist einfach und zweckmäßig. Dusche und WC befinden sich in zwei Hütten (Damen und Herren getrennt) auf dem »Festland«. Vergessen Sie nicht, Handtücher mitzubringen! Bettwäsche ist vorhanden. Die Romantik des einzigartigen Ortes wird Sie begeistern. Wer kann schon von sich behaupten, auf dem Wasser geschlafen zu haben? Wollen Sie lieber festen Boden unter Ihrem Bett haben, dann entscheiden Sie sich vielleicht für eine Nacht im Schäfer- oder Leiterwagen als eine ganz ursprüngliche Art des Nachtlagers. Am nächsten Morgen werden Sie vom Meckern der Ziegen geweckt und mit einem herzhaften Frühstück beginnen Sie einen neuen spannenden Tag in Eberstedt (siehe auch Tipp 26).

Informationen: Ölmühle Eberstedt, Dorfstraße 28/29, 99518 Eberstedt. Tel.: 036461/877744, www.oelmuehle-eberstedt.com. **Öffnungszeiten:** Mühlenladen (mit Rezeption) tgl. 8–17 Uhr. Die Hütten können von April bis Oktober gebucht werden.

Tipp von Sebastian aus Altenburg

Anfahrt: Aus Richtung Weimar: Bis Niedertrebra, der Ausschilderung nach Eberstedt folgen.
Aus Richtung Naumburg: Bis Ortsausgang Bad Sulza in Richtung Apolda. Ortseingang Darnstedt nach rechts Richtung Eberstedt.

Floß fahren auf der Saale – ein Spaß für Wasserfeste

Bereits in der Bibel wird das Flößen erwähnt, allerdings nicht in der Art, wie Sie es auf der Saale bei Camburg erleben können: als Spaß für wasserfeste Menschen, die einmal die Landschaft zwischen Camburg und Großheringen aus dem Blickwinkel der Fische erkunden wollen. Sie können mit Freunden auf einem Floß feiern oder einfach nur die einmalige Fahrt genießen!

Mehr als 700 Jahre lang wurde auf der Saale Langholz aus den waldreichen Ostthüringer Gebieten stromabwärts transportiert. Die Flößerei war eine harte und gefährliche Arbeit. Heute ist das Floßfahren eine ganz besondere Möglichkeit, seine Freizeit zu verbringen und die Landschaft aus einem nicht alltäglichen Blickwinkel zu betrachten. Geben Sie sich der Geschwindigkeit des Flusses hin und genießen Sie es, sich im wahrsten Sinne des Wortes »treiben zu lassen«! Ob Sie an Bord des Floßes mit Freunden feiern oder ruhige zweieinhalb Stunden »mit dem Strom schwimmen« wollen: Sie selbst brauchen nichts weiter tun, als auf dem Floß zu bleiben. Entweder lenkt die Saale das Wasserfahrzeug oder der Mann am Ruder hilft ein wenig nach und Sie treiben gemächlich an malerischen Ruinen wie der Cyriakskirche zwischen Camburg und Stöben vorbei.

Viel zu schnell werden die zweieinhalb Stunden vergehen, die Ihre Reise bis nach Großheringen dauern wird. Auf dem Rückweg können Sie sich in den Gasthäusern am Wegesrand stärken oder noch einen Abstecher zum Weinberg in Kaatschen (Tipp 28) machen.

Informationen: Wassertouristik Camburg, Werner Grunert, Naumburger Straße 21, 07774 Camburg. Tel.: 036421/23589, www.wassertouristik-camburg.de.

Termine nur nach vorheriger Anmeldung Mai–Okt. Sa/So/Fei 9 und 14 Uhr. Anfahrt: B 88 Richtung Camburg.

Tipp von Dieter aus Sonneberg

26 Das Rad dreht sich im Kreis – Ölmühle Eberstedt

Feinste Speise- und Wellness-Öle, regionale Natur- und Mühlenprodukte, eine herrliche Natur, Wein aus der nächsten Umgebung und ein romantisches Plätzchen zum Übernachten: Die Ölmühle Eberstedt ist DER Tipp für alle, die dem Alltag entfliehen, ihrer Gesundheit etwas Gutes tun und vielleicht in einem Schäferwagen übernachten wollen!

Direkt am Ilmtal-Radweg und am Rande des Saale-Unstrut-Weinbaugebietes befindet sich die Ölmühle Eberstedt inmitten einer einzigartigen, weitgehend natürlichen Flusslandschaft im Norden des Weimarer Landes. Lassen Sie diese Verbindung von Wasser, Natur und Kultur auf sich wirken. Ob Sie Rad fahren, angeln, wandern, baden oder in der Sauna der nahe gelegenen Therme ins Schwitzen geraten wollen – der Möglichkeiten gibt es viele.

Am Ende eines erlebnisreichen Tages schmeckt Ihnen das frisch gezapfte Mühlenbier im Biergarten besonders gut und das große alte Mühlrad dreht währenddessen gleichmäßig seine Runden. Frische Forellen aus dem Mühlenteich und Deftiges aus der Thüringer Küche erwarten Sie in der Mühlenschänke. Wenn der Tag zur Neige geht und die Sonne langsam niedersinkt, sollten Sie die Nacht in einer der schwimmenden Hütten auf dem Mühlenteich verbringen oder eben im Schäferwagen. Die einzigen Geräusche, die Sie hören werden, ist Ihr eigener Tinnitus, das Meckern der Ziegen im Tiergehege und von Zeit zu Zeit der Gesang einer Nachtigall.

Informationen: Ölmühle Eberstedt,
Dorfstraße 28/29,
99518 Eberstedt.
Tel.: 036461/877744,
www.oelmuehle-eberstedt.com.
Öffnungszeiten: Mühlenladen (mit
Rezeption): tgl. 8–17 Uhr.

Anfahrt: Aus Richtung Weimar: bis
Niedertrebra, der Ausschilderung nach
Eberstedt folgen.
Aus Richtung Naumburg: bis Ortsaus-
gang Bad Sulza in Richtung Apolda. Orts-
eingang Darnstedt nach rechts Richtung
Eberstedt.

Tipp von Saskia aus Jena

27 In vino veritas – vor allem in Bad Sulza

Das größte Weinfest Thüringens lockt seit über 20 Jahren tausende Freunde des Rebensaftes im August nach Bad Sulza. Zu Recht trägt die Stadt den Beinamen Kur- und Weinstadt, liegt sie doch mitten im Thüringer Weinbaugebiet. So ist es keine Überraschung, dass hier ausschließlich Produkte rund um den Wein aus der Region angeboten werden.

Ob Sie zum »Bad Sulzaer Weinfrühling« die Stadt an der Ilm besuchen oder eben zum »Thüringer Weinfest« im August, Bad Sulza bietet neben diesen Weinfesten zahlreiche andere Sehenswürdigkeiten und Ihre Gesundheit fördernde Einrichtungen, die einen Besuch zu jeder Zeit im Jahr lohnenswert machen. Kommen Sie in Bad Sulza an, werden Sie sich verwundert die Augen reiben und meinen, in der Toskana gelandet zu sein: Die sanften Hügel und Täler mit den hoch aufragenden, schmalen Pappeln erinnern sehr an italienische Landschaften, womit der Name »Toskana des Ostens« nicht unverdient ist. Die einzige Weinstadt Thüringens besitzt, wie es sich für eine Weinstadt gehört, Stadtweinberge mit einzigartigen Weinberghäuschen, ein Weintor (das einzige in Thüringen), welches der Start- und Zielpunkt der Weinstraße »Saale-Unstrut« ist, und natürlich auch eine Weinprinzessin. Diese wird traditionell am dritten Augustwochenende eines jeden Jahres im Rahmen des »Thüringer Weinfestes« gekrönt. Der Wein ist allgegenwärtig im Stadtbild.

In Weingütern, bei Hobbywinzern oder entlang des Weinwanderweges können Sie den edlen Rebensaft ausgiebig kennenlernen.

Informationen: Tourist-Information Bad Sulza, Kurpark 2 (Navi: Kurpark 1!), 99518 Bad Sulza. Tel.: 036461/8210, www.bad-sulza.com.
Öffnungszeiten: Mo–Fr 10–17 Uhr, Sa 11–15 Uhr.

Anfahrt: A 4 Abfahrt Apolda, B 87 Richtung Apolda, weiter bis Ranstedt, rechts Richtung Bad Sulza.

Tipp von Janine aus Bad Sulza

28 Wandern im Weinberg – und danach einkehren

Der einzige Terrassenweinberg Thüringens ist ein beliebter Ort für Freunde des edlen Rebensaftes und ein idyllisches Fleckchen Thüringens, das zu einer kurzen Wanderung und einer vielleicht längeren Einkehr einlädt. Schautafeln entlang des Weinberg-Wanderweges informieren über die verschiedenen Rebsorten und den Weinbau im Allgemeinen.

Kaatschen, ein Ortsteil von Großheringen, hat sich zu einem idyllischen Weindorf entwickelt, der Weinlehrpfad und das Weinberghaus im Terrassenweinberg sind nur zwei der Sehenswürdigkeiten. Einige Gasthäuser laden den müden Wanderer zu Einkehr und Labung, war es doch eine anstrengende Tour, diese zweieinhalb Kilometer auf dem Weinlehrpfad. Der Weinrosenweg führt Sie über 125 Stufen in die Weinberge und zum Weinberghaus.

Am ersten September-Wochenende findet das große Weinfest im Kaatschener Dachsberg statt. Buntes Markttreiben, traditionelles Handwerk, Floßfahrten, Kremserfahrten und vieles mehr werden dort geboten.

Das Weingut Zahn lädt darüber hinaus zu edlen Tropfen, dazu passenden regionalen Spezialitäten und vielfältigen Angeboten wie zum »Picknick im Weinberg« oder der »Krimi-Wanderung« ein. Weitere Informationen finden Sie unter www.erlebnisweingut.de. Öffnungszeiten Weinverkauf: Di–So 10–18 Uhr. Öffnungszeiten Restaurant: Mi–So ab 11 Uhr.

antenne THÜRINGEN TIPP

Vor der Wanderung durch den Terrassenweinberg sollten Sie sich in Großheringen unbedingt die 1753 erbaute Hausbrücke, die sogenannte Salzbrücke, anschauen. Sie war über Jahrhunderte im Ort die einzige Brücke über die Ilm und verband die alte Salzstraße und das Saalfelder Land miteinander. Sie finden sie nur wenige Meter entfernt von der Mündung der Ilm in die Saale (Großheringen, In der Aue).

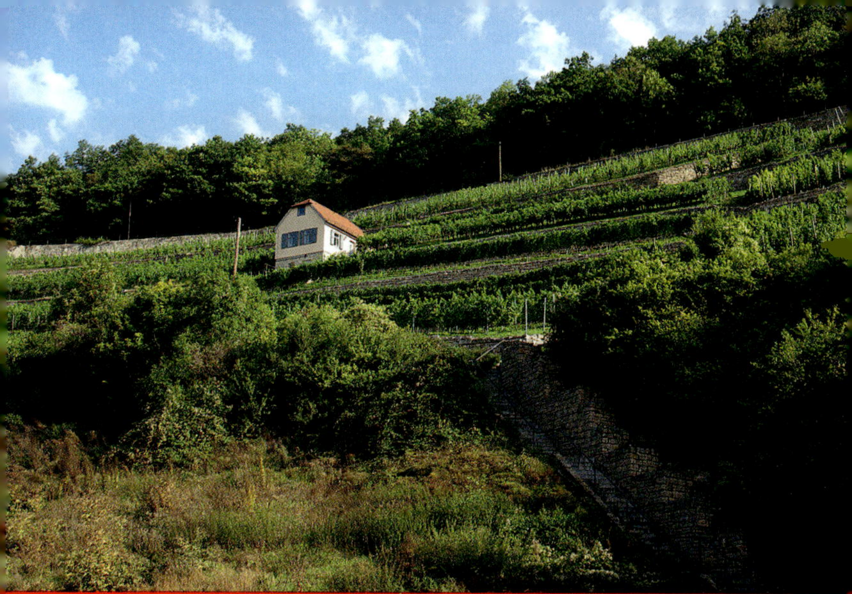

Informationen: Großheringen, OT Kaatschen, Weinbergstraße. Der Wanderweg Terrassenweinberg ist ausgeschildert. Während der Erntezeit und im Winter bleibt der Terrassenweinberg geschlossen.

Anfahrt: Von Westen B 7/B 87 Richtung Bad Sulza, weiter Richtung Großheringen/Kaatschen.
Von Osten: B 88 Richtung Camburg, weiter Richtung Großheringen/Kaatschen.

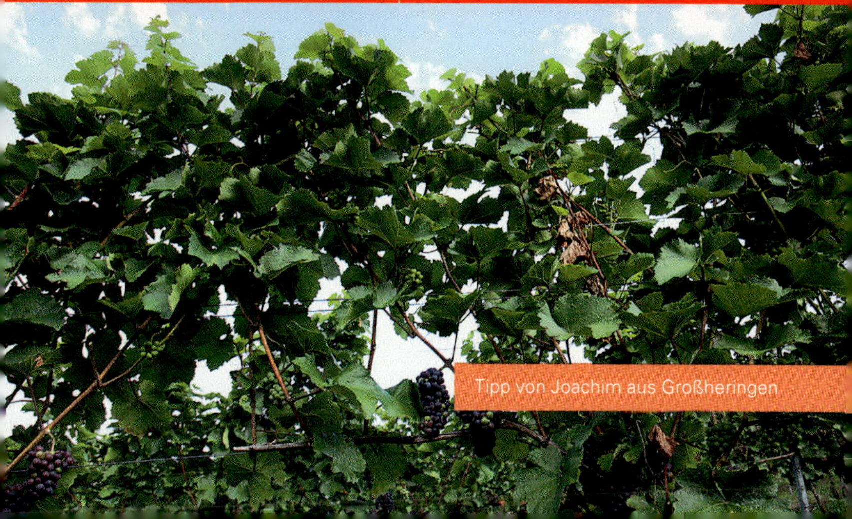

Tipp von Joachim aus Großheringen

29 Bogenschießen wie unsere Vorfahren

Machen Sie es wie unsere Urahnen und gehen Sie einmal mit Pfeil und Bogen auf »Jagd«! Die Kunst des traditionellen Bogenschießens ist gelebte Menschheitsgeschichte. Hilfseinrichtungen, die im modernen Bogensport üblich sind, gibt es nicht. Nur Ihr Auge, Bogen und Pfeil sowie Ihr eigenes Können.

Da die Frauen und Männer des Camburger Bogenschützenvereins nicht täglich vor Ort sind, empfiehlt sich eine telefonische Absprache für Ihren Besuch im Bogenparcours. Ob Sie in Ihrem Leben schon einmal Pfeil und Bogen benutzt haben oder nicht, ist ohne Belang. Festes Schuhwerk und dem Wetter angepasste Kleidung sind die einzigen Voraussetzungen, die Sie erfüllen sollten.

Nach einer kurzen Einweisung werden Sie auf dem Parcours im Stöbener Wäldchen nacherleben können, wie unsere Urahnen mit Pfeil und Bogen auf die Jagd gingen. Verschiedene Ziele sind im Wald versteckt, genau so, wie sich das Jagdwild unserer Vorfahren versteckt hielt – das ist »traditionelles« Bogenschießen. Die Ausrüstung bekommen Sie vom Verein gestellt: verschiedene Bogen (Recurve- oder Langbogen), Arm- und Fingerschutz sowie Köcher mit sechs Carbonpfeilen. Ob Sie allein oder in der Gruppe »jagen« oder den nächsten Kindergeburtstag bei traditionellem Bogenschießen feiern wollen (für Kinder zwischen 6 und 11 Jahren) – die Frauen und Männer des Camburger Bogenschützen e.V. begrüßen Sie gern!

Informationen: Camburger Bogenschützen e.V., Martin Reuter, Kirchstraße 6, 07774 Camburg. Tel.: 0177/1766782, www.bogenverleih-camburg.de. Besuch bitte telefonisch vereinbaren!

Preise: Erw. 10,00 € pro Tag, Kinder (6–14 J.) 6,00 € pro Tag.
Anfahrt: A 4 Abfahrt Jena-Zentrum, weiter auf B 88 Richtung Naumburg.

Tipp von Mario aus Harth-Pöllnitz

30 Dornburger Schlösser – ein architektonischer Traum

Welch ein grandioser Blick eröffnet sich vom »Balkon des Saaletals«, den Dornburger Schlössern. Die einzigartige Anlage mit Altem Schloss, Renaissanceschloss und Rokokoschloss wird durch den Schlossgarten miteinander verbunden. Hier zu wandeln, versetzt Sie in die Zeit Johann Wolfgang von Goethes zurück – doch mit allen Annehmlichkeiten der Moderne!

Einst residierten hier die Großherzöge von Sachsen-Weimar-Eisenach, und Johann Wolfgang von Goethe flanierte auf den Wegen des Schlossgartens, auf denen er sich zu neuen Gedichten inspirieren ließ. Wandeln Sie auf den Spuren des Dichterfürsten und besuchen Sie im Renaissanceschloss die Goethegedenkstätte. Das Alte Schloss steht auf den Grundmauern der Kaiserpfalz Otto I., der 937 Stadt und Burg Dornburg erstmals in einer Urkunde erwähnte. Ältestes Bauteil ist der achteckige Bergfried, der zu einer mittelalterlichen Burganlage aus dem 12. Jahrhundert gehörte. Das Dornburger Schloss zählt zu den schönsten Rokokobauten Thüringens. Das Museum informiert über die verschiedenen Schlossherren und Nutzungsperioden. Spazieren Sie durch die Parkanlagen und begeben Sie sich auf Zeitreise von Otto I. bis Goethe. Die Aussicht 90 Meter hoch über der Saale wird Sie begeistern und Ihnen bestätigen, warum Dornburg auch »Balkon des Saaletals« genannt wird.

Informationen: Dornburg-Tourist, F.-Ludwig-Jahn-Straße 7, 07778 Dornburg. Tel. 036427/20934, www.dornburg-saale.eu. Dornburger Schlösser: Max-Krehan-Straße 2, 07774 Dornburg-Camburg.

Öffnungszeiten: Apr.–Okt. Do–Di 10–17 Uhr, Mi geschlossen.
Preise: Rokokoschloss 2,50 €, Renaissanceschloss 2,50 €, Kombi-Ticket (beide Schlösser): 4,00 € p. P.
Anfahrt: A 4 Abfahrt Jena-Zentrum, B 88 Richtung Jena/Dornburg.

Tipp von Thomas aus Gera

Rausch der Geschwindigkeit – Kartbahn Jena 31

Nikki Lauda sagte einmal: »Ich will nicht mehr im Kreis fahren.« Wenn Sie dies hingegen möchten, gönnen Sie sich nach den ersten zehn Minuten auf der Kartbahn Jena bestimmt sogar eine zweite Runde. Ob Junggesellenabschied, Firmen-Event oder einfach wegen des Adrenalins – ein Tag auf der Kartbahn Jena ist allemal ein Erlebnis, nicht nur wegen des Benzindufts.

Die zurzeit modernste Kartbahn in Thüringen lockt mit einer Streckenlänge von 300 Metern (indoor) und, günstiges Wetter vorausgesetzt, zusätzlichen 160 Metern (outdoor) zu Fahrspaß und Formel-1-Gefühl. Wer mit Höchstgeschwindigkeiten von 60 km/h wenige Zentimeter über dem Fußboden sitzend über die Bahn rast, braucht sich über die vermehrte Ausschüttung von Glückshormonen nicht zu wundern. Die zehn Minuten pro Fahrt werden Ihnen sicher länger vorkommen. Außerdem können Sie ja noch einmal fahren oder gleich ein 3er-Ticket lösen. Vielleicht organisieren Sie im Freundeskreis ein komplettes Renn-Event mit Warm-up, Qualifikation und Rennen? Dabei haben Sie die Wahl zwischen dem aus der Formel 1 bekannten Ampelstart oder dem legendären Le-Mans-Start, bei dem die Fahrer erst zu ihren Wagen rennen müssen.

Informationen: Kartbahn Jena, Wiesenstraße 104, 07749 Jena, Tel.: 03641/470195, www.kartbahnjena.de. Mindestkörpergröße 135 cm. Weitere Angebote und Arrangements verfügbar.
Öffnungszeiten: Mo–Mi 14–20 Uhr, Do 14–22 Uhr, Fr 14–24 Uhr, Sa 13–24 Uhr, So 13–20 Uhr.

Preise: Erw. 14,00 €/10 Min., Twin Kart 15,00 €/10 Min. Kinder bis 14 J. 10,00 €/10 Min.
Anfahrt: Aus allen Richtungen über B 88 nach Jena, direkt im Gewerbegebiet Löbstädt-Ost, Navigation: 07749 Jena, Wiesenstraße 104.
Mit der Jenaer Straßenbahn Linie 1 und 4 Richtung Zwätzen, Haltestelle Zwätzen.

Tipp von Johanna aus Jena

32 Den Sternen näherkommen – das Zeiss-Planetarium

Douglas Adams schrieb in »Per Anhalter durch die Galaxis«: »Der Weltraum ist groß. Verdammt groß. Du kannst Dir einfach nicht vorstellen, wie groß, gigantisch, wahnsinnig riesenhaft der Weltraum ist ...« Im Zeiss-Planetarium bekommen Sie einen Eindruck von dieser Größe. Faszinierende Sternbilder, Galaxien und Lichtjahre entfernte Nebel entführen Sie in eine andere Welt.

Das Planetarium in Jena lädt Sie ein auf eine Reise durch Zeit und Raum. In bequemen Sitzen erleben Sie die gewaltige Kraft des Urknalls, die Geburt eines neuen Sterns, einen Sprung in den Hyperraum oder spektakuläre Shows mit Musik, die ganz neue Dimensionen eröffnen. Mithilfe eines speziellen Projektors wird ein künstlicher Sternhimmel an die 23 Meter große Innenkuppel projiziert. So können Sie auf einer Fläche von 900 Quadratmetern die Bewegung der Gestirne vollkommen unabhängig von Zeit und Witterung sehen. Video- und Laserprojektionen ergänzen die Erläuterungen zum Sternhimmel.

Neben Bildungsprogrammen für Erwachsene und Kinder können Sie hier multimediale Unterhaltungs- und Lasershows erleben. Obwohl das Planetarium Jena das weltweit älteste seiner Art ist, ist die Technik auf dem allerneuesten Stand. Auf jedem Platz im Zuschauerraum erleben Sie ein perfektes Klangerlebnis und optisch ist eine Vorführung im Planetarium sowieso überwältigend.

Informationen: Zeiss-Planetarium, Am Planetarium 5, 07743 Jena. Tel.: 03641/885488, www.planetarium-jena.de. Für die verschiedenen Bildungs- und Familienprogramme und die speziellen Shows ist eine Reservierung notwendig!

Öffnungszeiten: Di–Fr 9–20 Uhr, Sa 10–20.15 Uhr, So 10–18 Uhr.
Preise: Ab 11,00 €, erm. ab 9,50 €.
Anfahrt: A 4, Abfahrt Jena-Zentrum, B 88 Richtung Zentrum, der Ausschilderung folgen.

Tipp von Bianca aus Kahla

33 Physik zum Anfassen – die Imaginata Jena

*Physik ist das, was nie gelingt ... Diesen Spruch kennt wohl jeder. Im Stationen-
park der Imaginata ist das anders: Hier gelingt jedes Experiment! Ob Akustik,
Optik oder Festkörperphysik – es ist verblüffend, wie wir in den Gesetzen der
Physik gefangen sind. Da bleibt nur eins: die Gesetze der Physik im wahrsten Sinn
des Wortes »begreifen« zu lernen.*

Im ehemaligen Umspannwerk Jena-Nord haben die Mitglieder
des Imaginata e.V. 1999 ein faszinierendes Experimentarium für
alle Sinne eingerichtet: Hier macht Lernen wirklich Spaß, denn es
kommt auf leichten Füßen daher. Der Vorstellungskraft, unserer
wichtigsten geistigen Quelle für Innovationen, Zukunftsfähigkeit
und Erfindergeist, wird hier Raum zum Wachsen und Wirken
gegeben.
Im Stationenpark können Sie experimentieren, Ihre Wahrneh-
mungen und Hypothesen prüfen und spielerisch mit allen Sinnen
Ihr Wissen erweitern. Das macht nicht nur Kindern Spaß! Hier
können kleine und große Entdecker akustische Phänomene beobachten oder mit Metallstangen eigentümliche Musik erzeugen, in
eine riesige Lochkamera hineingehen und schauen, was draußen
passiert, sowie anschließend erleben, was man im Schwarzlicht
alles sehen kann.
Ganz Mutige dürfen hier sogar mit einem Fahrrad über ein Drahtseil balancieren. Einfach mal ausprobieren! Nur Mut, die Physik
wird helfen!

Informationen: Imaginata Jena, Löbstedter Straße 67, 07749 Jena. Tel.: 03641/889920, www.imaginata.de. **Öffnungszeiten:** Während der Thüringer Schulferien tgl. 10–18 Uhr, sonst So, Fei 10–18 Uhr sowie (für Gruppen) nach Voranmeldung.

Preise: Erw. 9,50 €, erm. 7,50 € (keine Kartenzahlung möglich!). **Anfahrt:** A 4, Abfahrt Jena-Lobeda, auf der B 88 Richtung Stadtzentrum/Naumburg, der Ausschilderung Gewerbegebiet Nord/Imaginata folgen.

Tipp von Benedikt aus Zöllnitz

34 Im Labyrinth verloren? – das Steinlabyrinth Mönchsberg

Was Kinderhände schaffen können, sehen Sie auf dem Mönchsberg. In dem ehemaligen Steinbruch sortierten Schüler der Waldorfschule Jena umherliegende Steine zu einem Labyrinth und gaben diesem Ort damit etwas Magisches. Die Pflanzenwelt eroberte den Steinbruch erfolgreich zurück und der Blick von dort über Jena ist einfach umwerfend.

Das Steinlabyrinth auf dem Mönchsberg südlich von Jena-Winzerla liegt in einem ehemaligen Steinbruch und ist von steppenartiger Vegetation umgeben. Schüler der Waldorfschule haben hier ein Kunstwerk geschaffen, das Kinder und Erwachsene gleichermaßen in seinen Bann zieht. Auch wenn Sie jederzeit die Steine mit einem Schritt übersteigen könnten, gibt es kaum jemanden, der nicht den Ehrgeiz entwickelt, das Labyrinth bis zum Zentrum zu durchlaufen. Oft wähnt man sich am Ziel und einen Moment später führt der Weg wieder an den äußeren Rand. In der Nachbarschaft des Labyrinths sind weitere Figuren aus Stein angelegt. Überraschend und faszinierend ist, dass die Figuren und das Labyrinth nicht zerstört werden und immer wieder auch Neues entsteht. Vor allem im Frühjahr bilden sich auf dem Gelände kleine Tümpel, in denen Frösche und Molche heranwachsen. Halbwüchsige Kiefern und der Flair des einstigen Steinbruches machen diesen Ort zu einem ganz besonderen Platz.

Auch wenn Sie nur wegen der Aussicht über das Saaletal und die Stadt Jena hierherkommen, werden Sie nicht enttäuscht: Wanderwege rund um den Mönchsberg laden zu aktiver Erholung ein!

Informationen: Das Steinlabyrinth auf dem Mönchsberg ist jederzeit frei zugänglich.
Anfahrt: A 4, Abfahrt Jena-Göschwitz, Richtung Jena-Winzerla, Rudolstädter Straße folgen bis Winzergasse, dort links abbiegen und dem Trießnitzweg folgen. Geo-Koordinaten: N 50° 52' 48" / O 11° 33' 59".

Tipp von Kerstin aus Bucha

35 Erfurts Juwel – die Wasserburg Kapellendorf

Eine der wenigen nahezu unveränderten Wasserburgen in Thüringen ist in Kapellendorf im Weimarer Land zu finden. Die Burggrafen von Kirchberg errichteten die von einem tiefen Graben umgebene Burg Mitte des 12. Jahrhunderts, um die nahe gelegenen Handelswege zu schützen. Die gut erhaltene Burganlage beherbergt ein Museum, das einen Besuch lohnt!

Anlässlich einer Schenkung an das hessische Reichskloster Fulda im Jahr 833 wird Kapellendorf erstmals urkundlich erwähnt. Mit der Ansiedlung aus Ostfranken stammender Menschen wurde auch eine Kirche gegründet, die zu den ältesten Gotteshäusern in Thüringen gehört. Der Umstand, dass der Ort nach der Kirche Capelladorf genannt wurde, zeigt ihren besonderen Stellenwert. In der Mitte des 12. Jahrhunderts errichteten die Burggrafen von Kirchberg zum Schutz der nahe gelegenen Handels-, Kupfer- und Weinstraße die erste steinerne Burganlage, von der heute noch Reste der Wehrmauer, des Palas sowie der Stumpf des Bergfrieds zeugen. 1348 verkauften die Grafen ihre Stammfeste an die Stadt Erfurt. Sie wurde zum Juwel des großen Erfurter Landgebiets und sicherte als Lehen des Kaisers der mittelalterlichen Großstadt mit ihren etwa 19.000 Einwohnern das Ansehen einer Reichsstadt.
Ein wahres Kleinod ist die Wasserburg Kapellendorf, die beschaulich im Tal des Ortes liegt. Sie ist seit 1998 Eigentum der Stiftung Thüringer Schlösser und Gärten. Die Stadt Erfurt verwaltet sie als Nebeneinrichtung des Stadtmuseums »Haus zum Stockfisch«.

Informationen: Wasserburg Kapellendorf,
Am Burgplatz 1, 99510 Kapellendorf.
Tel.: 036425/22485,
www.burg-kapellendorf.de.
Öffnungszeiten: Burgmuseum
Di–So 10–12/13–17 Uhr.

Preise: Erw. 4,00 €, Erm. 2,50 €,
Familienkarte 8,00 €.
Anfahrt: A 4 Abfahrt Apolda, B 87
Richtung Apolda, in Umpferstedt auf
B 7 Richtung Jena bis Frankendorf, dort
Richtung Kapellendorf abbiegen.

Tipp von Erwin aus Jena

36 Bienchen summ herum – Bienenmuseum Weimar

Goldgelb, dickflüssig, süß und aromatisch: Wer möchte das sonntägliche Vergnügen eines mit Honig bestrichenen, knusprigen Brötchens missen? Welche Leistungen Bienen vollbringen müssen, welche Arbeit dem Imker bevorsteht, ehe ein volles Glas mit goldgelbem Honig auf unserem Frühstückstisch steht, das erfahren Sie im Bienenmuseum Weimar.

Einzigartig in der sehr reichen Museumslandschaft Weimars ist das Deutsche Bienenmuseum. Der Landesverband Thüringer Imker e.V. präsentiert hier eine umfangreiche Sammlung von Imkereigeräten, Zeugnissen aus der Geschichte der Imkerei und natürlich im Museumsladen das, was wir besonders an der Imkerei schätzen: den Honig. Doch Honig ist »nur« ein Nebenprodukt der wichtigsten Aufgabe von Bienen: Sie bestäuben die Blüten und gewährleisten damit, dass Pflanzen Früchte tragen. Ohne Bienen gäbe es kein Obst!

In den drei Abteilungen des Deutschen Bienenmuseums geht es um die Biologie der Bienen, um die Geschichte der Imkerei und um die moderne Imkerei. Im Museumsgarten sind Bienenweidepflanzen der Vergangenheit und Gegenwart angebaut. Diese wurden so ausgewählt, dass sie, über die Zeit des Sommers verteilt, für Honigbienen lebensnotwendigen Pollen und Nektar in großer Menge bieten. Im Museumsgarten ist auch ein sogenannter Wanderwagen zu sehen, der einst 32 Bienenvölkern Platz bot und mit dem der Imker von Weide zu Weide zog. Sehenswert sind auch die Geräte und Werkzeuge, die der Imker benutzt, um aus dem Gesammelten der Bienen unseren Honig zu produzieren.

Informationen: Bienenmuseum Weimar, Ilmstraße 3, 99425 Weimar. Tel.: 06343/4920401, www.lvthi.de/dbm.

Tipp von Nico aus Weimar

Öffnungszeiten: Apr.–Okt. Di–So 10–18 Uhr, Nov.–März Di–So 10–17 Uhr. **Preise:** Erw. 4,00 €, erm. 3,00 €, Kinder (ab 4 J.)/Schüler 1,50 €, Familienkarte 8,00 €. **Anfahrt:** A 4 Abfahrt Weimar, B 85 Richtung Stadtzentrum.

Geschichte Weimars im Schnelldurchlauf

Unternehmen Sie eine Zeitreise durch die Geschichte der Klassikerstadt Weimar! In nur 30 Minuten erfahren Sie im Weimar-Haus das Wesentliche über die Stadt. Anschließend können Sie sich dort bestens orientieren und wissen Gebäude, Plätze und Straßen besser in die Geschichte der Stadt einzuordnen. Ein Besuch des Weimar-Hauses bildet den idealen Ausgangspunkt für Ihr Kulturerlebnis in der Klassikerstadt.

Im Weimar-Haus durchlaufen Sie verschiedene Szenerien, in denen mithilfe von Rundumkulissen, Wachsfiguren und Spezialeffekten die Geschichte der Stadt hautnah erlebbar wird. Jeder Raum wird zur Kulisse von Ereignissen aus der Geschichte der Stadt.

Von Raum zu Raum reisen Sie in der Zeit vorwärts. Schauen Sie den ersten Siedlern zu und erfahren Sie, wie das Königreich Thüringen im 6. Jahrhundert unterging. Im Mittelalter landen Sie im dritten Raum, hier begegnen Sie Martin Luther, der oft in Weimar war. Für Sie ist es nur ein kleiner Schritt in die Zeit der Weimarer Klassik, nicht nur Großherzog Carl August begrüßt Sie hier. Schließlich werfen Sie einen Blick auf die »Tafelrunde« der Anna Amalia, bei der die großen Klassiker der deutschen Geschichte über die neuen Entwicklungen in Frankreich diskutieren. Im nächsten Raum erwartet Sie Napoleon, der mit seinen Truppen 1806 Weimar besetzt hat. Zum Schluss erleben Sie Goethe als Leiter des Theaters, der aus Wanderschauspielern Repräsentanten des Hofes gemacht hat. Neue Stücke wie Goethes »Faust« bestimmen das aufstrebende, anspruchsvolle Theater. Ein neuer Geist geht um in Weimar.

Informationen: Weimar-Haus, Schillerstraße 16, 99423 Weimar. Tel.: 03643/901890, www.weimarhaus.de. Öffnungszeiten: Apr.–Sep. tgl. 9.30–18.30 Uhr, Okt.–März tgl. 9.30–17.30 Uhr.

Preise: Erw. 9,00 €, erm. 6,50 €, Kinder (bis 17 J.) 5,00 €, kostenlos mit ThüringenCARD oder WeimarCARD. Anfahrt: A 4 Abfahrt Weimar, B 85 Richtung Stadtzentrum.

Tipp von Sabine aus Weimar

38 Adventure Games in Weimar – die Abenteuersiedlung

Escape-Spiele sind beliebt und stärken das Gemeinschaftsgefühl. Zusammen Aufgaben lösen, Rätsel knacken und mit den Lösungen dem Ausgang ein Stückchen näher kommen – in der Abenteuersiedlung Weimar warten zahlreiche abwechslungsreiche Rätselaufgaben, die es zu lösen gilt.

Aus Computerspielen heraus entwickelten sich Anfang der 2010er-Jahre die heute sehr beliebten Escape Rooms, spannende Rätselspiele, die im Team gelöst werden müssen. Hier kann sich jeder mit seinen Lösungsvorschlägen einbringen. Das stärkt den Zusammenhalt in der Familie oder im Freundeskreis und – was schließlich die Hauptsache ist – es macht Spaß!

Die Abenteuersiedlung unweit des Weimarer Hauptbahnhofes bietet in einer riesigen Halle nicht nur verschiedene Raumrätsel, sondern auch viele andere spannende Teamspiele. Egal, ob Junggesellenabschied oder Firmenfeier, Familiennachmittag oder Kindergeburtstag, die Abenteuersiedlung hält für jeden das Passende bereit. Lassen Sie doch Ihre Kinder einmal einen Spezialauftrag im dämmrigen Dschungel übernehmen, denn hier läuft etwas gewaltig schief: Die Dschungelbewohner sind durch irgendetwas oder irgendjemanden beunruhigt. Ob die Kinder herausbekommen, wer oder was dafür verantwortlich ist? Spannung und Spaß sind auch bei „Das Versteck des Kapitäns" oder „Das Geheimnis der goldenen Pyramide" garantiert.

Informationen: Abenteuersiedlung Weimar, Marcel-Paul-Straße 61c, 99427 Weimar. Tel.: 01514/6266976, http://spassimteam.de/abenteuersiedlung/.
Öffnungszeiten: Mi–So 12–21 Uhr, Mo/Di geschlossen.
Preise: (je nach Personenzahl) ab 79 €. Die Spiele sind für Kinder ab 8 Jahren geeignet.

Anfahrt: A 4, Abfahrt Weimar, weiter Richtung Weimar-Zentrum, an der Kreuzung Humboldtstraße/Trierer Straße auf die Trierer Straße Richtung Hauptbahnhof Weimar abbiegen, dem Straßenverlauf Trierer Straße/Fuldaer Straße bis zur Bahnunterführung folgen, nach der Bahnunterführung links auf die Rießnerstraße/Marcel-Paul-Straße. Kurz hinter dem Aldi (rechte Straßenseite) links einbiegen.

Tipp von Jan aus Weimar

39 Ein besonderer Ort – Romanische Basilika Thalbürgel

Die Kirche St. Maria und St. Georg zu Thalbürgel gehört zu den bedeutendsten romanischen Sakralbauten Thüringens. Benediktinermönche errichteten ihre Klosterkirche Mitte des 12. Jahrhunderts. Im Schutze des mächtigen Bauwerkes finden Sie Stille und Einkehr. Die musikalischen Veranstaltungen sind überregional bekannt und beliebt.

Wer Bürgel hört, denkt sofort an blaue Keramik mit weißen Punkten. Dass es im Ortsteil Thalbürgel eine über 800 Jahre alte romanische Basilika gibt, die von Benediktinermönchen Mitte des 12. Jahrhunderts errichtet wurde, wissen nur wenige. Die Architektur ist schlicht atemberaubend. Seit Mitte der 1970er-Jahre gibt es den »Thalbürgeler Konzertsommer«, bei dem nationale und internationale Spitzenmusiker auftreten – ein musikalischer Hochgenuss! Lassen Sie den Ort und die Musik auf sich wirken. Gegenüber der Kirche lädt das Museum »Zinsspeicher« ein (Öffnungszeiten: Di–Fr: 9–12 Uhr, Apr.–Okt.: Sa/So/Fei: 14–17 Uhr, Preise: Erw.: 2,50 €, Erm.: 1,80 €, Kinder: 7 bis 14 Jahre 1,30 €).
Im einzigen erhalten gebliebenen Wirtschaftsgebäude des Klosters Thalbürgel wartet ein besonderer Clou auf Sie: Erleben Sie mit Ihren Freunden, etwa bei einem Klassentreffen, einmal eine Unterrichtsstunde im Klassenraum der Dorfschule und nehmen Sie auf den unbequemen Bänken Platz. Weitere Ausstellungsräume zeigen das dörfliche Leben und Arbeiten unserer Vorfahren. Natürlich sollten Sie nicht verpassen, auch das Keramikmuseum im Ortsteil Bürgel zu besuchen. Bei der Gelegenheit sei angemerkt: Johann Wolfgang von Goethe war bereits vor Ihnen hier.

Informationen: Ev.-Luth. Pfarramt
Bürgel, Kirchplatz 1, 07616 Bürgel.
Tel.: 036692/22210,
www.klosterkirche-thalbuergel.de.
Öffnungszeiten: Sa/So 13–17 Uhr oder
nach Absprache.

Preise: Erw. 2,50 €, Erm. 1,50 €. Kinder
bis 12 Jahren frei. Eintrittskarten für
musikalische Veranstaltungen erhalten
Sie ebenfalls telefonisch.
Anfahrt: A 9 Abfahrt Eisenberg, B 7
Richtung Jena, Klosterkirche Thalbürgel,
Klosterstraße 23, 07616 Thalbürgel.

Tipp von Hartmut aus Bürgel

40 Es klappert die Mühle im Mühltal bei Eisenberg

Von Mühle zu Mühle ziehen, einkehren und viele spannende Informationen über das Müllerhandwerk erhalten, dazu ein herrlicher Wald, ein murmelndes Bächlein am Wegesrand, saubere Luft und ein würziger Duft: Das Mühltal bei Eisenberg ist zu allen Jahreszeiten ein lohnendes Ziel und bietet die beste Gelegenheit, Erholung zu finden. Die acht Kilometer werden Ihnen kürzer vorkommen.

Ob Sie nun von Weißenborn aus in das Mühltal laufen oder aus der entgegengesetzten Richtung von Kursdorf – das Mühltal bleibt eines der reizvollsten Täler Thüringens. Die Rauda trieb einst elf Mühlen im Tal an, von denen heute noch sieben erhalten sind. Alle Mühlengebäude sind zu Gasthäusern oder Herbergen umgebaut worden, einen Mühlenbetrieb gibt es nicht mehr.

Von Weißenborn kommend, gelangen Sie zunächst zur Meuschkensmühle, hier können Sie eine Kremserfahrt durch das Mühltal buchen oder Ihre Kinder auf Ponys reiten lassen. Kühle Getränke werden ebenfalls gereicht. Vorbei an Milos Waldhaus gelangen Sie zur Naupodsmühle. Das dort eingerichtete Museum informiert über die Geschichte des Mühltals und das Müllerhandwerk. Genießen Sie im »Waldhotel Pfarrmühle« frisch geräucherte Forellen und deftige Thüringer Küche, bevor Sie weiterziehen zur Froschmühle. Die Jugendherberge bietet Erlebnisprogramme an von »F« wie Filzen bis »P« wie »Mühltal-Piraten«. In der Walkmühle können Sie im rustikalen Biergarten Spanferkel oder frisch geräucherte Forellen genießen. In der Amtsschreibersmühle können Sie ebenfalls einkehren oder Esel und Pferde auf der Koppel beobachten. Vorbei an der Schössermühle, einem ehemaligen Gasthof, gelangen Sie zur letzten Mühle des Mühltals: der Robertsmühle. Neben leckerem Kuchen gibt es hier natürlich auch die deftige Thüringer Küche.

Besonders sehenswert ist der Miniaturenpark an der Robertsmühle, in dem alle Mühlen des Mühltals im Maßstab 1:20 zu sehen sind. Spätestens jetzt sollten Sie ausknobeln, wer das Auto holt.

Informationen: Eisenberg-Information, Markt 26 (im Stadtmuseum »Klötznersches Haus«), 07607 Eisenberg. Tel.: 036691/73454, www.stadt-eisenberg.de.

Öffnungszeiten: Mo 9–12 Uhr und 13–15 Uhr; Di, Mi, Fr 9–12 Uhr und 13–16 Uhr; Do 9–12 Uhr und 13–18 Uhr; Sa, So, Fei 13–16 Uhr.
Anfahrt: A 9 Abfahrt Eisenberg.

Tipp von Johanna aus Hermsdorf

41 Der Kohle auf der schmalen Spur – Kohlebahn Meuselwitz

Braunkohle, die im Altenburger Land gewonnen wurde, war lange Zeit der einzige Fahrgast zwischen Meuselwitz und Regis-Breitingen. Heute ist die Kohlebahn eine Attraktion für alle Eisenbahnfreunde! Im offenen Waggon oder im Salonwagen können Sie die Schmalspurstrecke zwischen Meuselwitz und Regis-Breitingen hautnah erleben.

Die Strecke der Kohlebahn verbindet das thüringische Meuselwitz mit dem sächsischen Regis-Breitingen und durchquert dabei den Kammerforst, weshalb die Kohlebahn auch gern »Kammerforst-Bahn« genannt wird. Startpunkt ist der Kulturbahnhof Meuselwitz. Hier erhalten Sie die Tickets für Ihr Abenteuer auf dem Schienenstrang. Nutzen Sie die Zeit bis zur Abfahrt Ihres Zuges für einen Besuch der Modellbahnausstellung oder des beeindruckenden Fahrzeugparks des Kohlebahnvereins auf den Museumsgleisen! In der Ausstellung erfahren Sie Interessantes aus der über 100-jährigen Geschichte der Kohlebahn. Außerdem können Sie die auf der Bahnstrecke zum Einsatz gekommenen Fahrzeuge besichtigen sowie Bergbaugerätschaften bestaunen.

Die Fahrt führt über Schnaudertal und Wintersdorf. Nächster Haltepunkt und letzte Station vor der Landesgrenze ist der Bahnhof Haselbach, der im Stile eines Westernbahnhofes gestaltet wurde. Hier finden alljährlich Westerntage statt, die Sie unbedingt erlebt haben sollten. Schließlich endet die frühere Kohlebahn am Haltepunkt Regis-Breitingen im Freistaat Sachsen. Dort können Sie sich im nahe gelegenen »Dorfkrug« für die Rückfahrt stärken.

Informationen: Verein Kohlebahnen e.V., Georgenstraße 46, 04610 Meuselwitz. Tel.: 03448/752550 (Mo–Fr 9.30–14 Uhr), www.kohlebahnen.de.

Termine: Siehe Internet.
Preise: Hin- und Rückfahrt Erw. 15,00 €, Kinder (4–12 J.) 5,00 €.
Anfahrt: A 4 Abfahrt Gera, B 2 Richtung Zeitz, dann B 180 Richtung Altenburg.

Tipp von Andreas aus Saalfeld

42 Ein Sonntag ohne Klöße? – Kloßwelt Heichelheim

»Ein Sonntag ohne Thüringer Klöße verlöre viel von seiner Größe«, soll Herbert Roth, der weltbekannte Interpret des »Rennsteigliedes«, einmal gesagt haben. Und in der Tat ist ein Sonntagsbraten ohne Klöße für uns Thüringer kaum vorstellbar. Wie so oft hat das Rezept für Thüringer Klöße seinen Ursprung in der sogenannten Arme-Leute-Küche.

Ein traditionelles Anbaugebiet für Kartoffeln befindet sich rund um die kleine Ortschaft Heichelheim, nordöstlich von Weimar in einer beschaulichen Landschaft mit sanften Hügeln gelegen. Das kleine, aber feine Kloßmuseum in Heichelheim gestattet Einblicke in die Geschichte dieser typisch thüringischen Speise. Neben historischen Haushaltsgeräten zur Herstellung von Thüringer Klößen werden auch die Geschichte der Kartoffel und ihre Bedeutung als Nahrungsmittel erläutert und die für Anbau, Ernte und Bearbeitung unentbehrlichen landwirtschaftlichen Geräte gezeigt.

Um 1700 ist ein erster Anbau im Greizer Land nachgewiesen. 1741 wurde die Kartoffel erstmals im Erfurter Gebiet angebaut. 1756 gab es den »Kartoffelbefehl« von Friedrich II., der den Anbau von Kartoffeln vorschrieb. 1757 folgte die »Verordnung zum Anbau der Kartoffeln« des Großherzogs Ernst-August von Sachsen-Weimar. Nach der großen Hungersnot 1771/72 förderten aufgeklärte Herrscher den Anbau der »Erdäpfel« und verhalfen ihnen so zum Durchbruch. Aus dem Jahr 1808 ist das erste schriftliche Kloßrezept von der Pfarrei Effelder bei Sonneberg datiert.

Johann Wolfgang von Goethe hat wohl bereits als kleiner Junge Kartoffeln kennengelernt und sich später darüber geäußert: »Morgens rund, mittags gestampft, abends in Scheiben. Dabei soll's bleiben: Es ist gesund!« Ob er auch Thüringer Klöße genossen hat, ist nicht überliefert.

Informationen: Thüringer Kloß-Welt, Hauptstraße 3, 99439 Heichelheim/Thüringen. Tel.: 03643/4412223, www.thueringer-kloss-welt.de. **Öffnungszeiten:** Mo–Fr 9–17 Uhr, Sa, So, Fei 11–17 Uhr.

Anfahrt: A 4, Abfahrt Weimar, B 85 folgen bis Kreuzung Richtung Ettersburg, nach Ettersberg Siedlung Richtung Kleinobringen/Heichelheim abbiegen.

Tipp von Daniel aus Greiz

43 Mittelalterliche Burg und Tausendjährige Eiche

Ein rosarotes Gespenst und ein dicker Drache sind die guten Geister der Burg Posterstein. Tagsüber sind sie natürlich nicht zu sehen, denn sie arbeiten nur nachts. Doch können die Besucher der Burg manchmal etwas hören von den beiden: knarrende Dielenbretter und andere unheimliche Geräusche … Nicht nur für Kinder ist der Besuch der Burg Posterstein ein aufregendes Erlebnis!

Vor über 800 Jahren blickten die Herren der Burg Posterstein erstmals über das Tal der Sprotte, eines Zuflusses der Pleiße. Heute können Sie auf eine Entdeckungsreise in das Mittelalter gehen, das auf der Burg lebendig geblieben ist. Aber nicht nur große Entdecker kommen auf ihre Kosten: Der Clou ist, einen Kindergeburtstag auf der Burg Posterstein zu feiern! Auf den Spuren der Burggeister Posti (das rosarote Gespenst) und Stein (der dicke Drache) können die lieben Kleinen versteckte Orte der Burg erkunden, von denen Erwachsene gar nichts wissen und wo sie erst recht nicht hinkommen!

Doch die Burg ist nicht die einzige Attraktion der Gegend. Einmal im Jahr, am ersten Augustwochenende, findet das große Seifenkistenrennen in Posterstein statt, ein Spaß für die ganze Familie! Zudem ist am Ufer der Sprotte ein Erlebnisweg angelegt worden, der seinem Namen alle Ehre macht: Hier kann man über wackelige Brücken balancieren, Vögel durch ein Fernrohr beobachten, dem Wasser lauschen, Fischen zusehen, wie sie eine Treppe »hinaufgehen« oder den Wasserstand der Sprotte an der Wasserorgel ablesen. Zum Schluss sollte man noch die im Guinnessbuch der Rekorde genannte »Tausendjährige Eiche« in Nöbdenitz besuchen – ein herrliches Tagwerk ist vollbracht.

Informationen: Museum Burg Posterstein, Burgberg 1, 04626 Posterstein.
Tel.: 034496/22595,
www.burg-posterstein.de.
Öffnungszeiten: März–Okt. Di–So/Fei
10–17 Uhr, Nov.–Feb. Di–Fr 10–16 Uhr,
Sa, So, Fei 10–17 Uhr.

Preise: Museum: Erw. 5,00 €,
erm. 3,00 €, Kinder bis 6 Jahre frei.
Anfahrt: A 4 Abfahrt Ronneburg,
Richtung Ronneburg und links abbiegen
Richtung Stolzenberg/Posterstein.

Tipp von René aus Nöbdenitz

44 Aus Häuten wird Leder, aus Leder werden Schuhe

Rindenbrecher, Entfleischer, Lederwalze – es klingt martialisch. Doch diese Maschinen sind notwendig, um derbes und haltbares Leder herzustellen. Wie das funktionierte und wie viele Arbeitsschritte nötig waren, um aus einem Stück Rinderhaut eine haltbare Lederschuhsohle herzustellen, erfahren Sie in der Lohgerberei »Friedrich Francke.«

Das Schuhmacher- und Gerberhandwerk hat in Weida eine lange Tradition: Aus dem Jahr 1377 gibt es einen Hinweis, dass die Schuhmacher ihr Leder selbst gerbten. Erst im 16. Jahrhundert organisierten sich Gerber in einer eigenen Innung. Das Rohmaterial, Häute und Felle kamen nicht nur aus der Umgebung, sondern wurden auch aus anderen Ländern importiert. Das in Weida gegerbte Leder war von überragender Qualität. Mitte des 19. Jahrhunderts gründete Friedrich Francke seine Lohgerberei, die über vier Generationen bis in die 1990er-Jahre produzierte. Das heutige Museum zeigt anschaulich die Arbeit der Gerber. Die historischen Maschinen und Produktionsanlagen, die auch heute noch voll funktionstüchtig sind, gestatten einen Einblick in die Herstellung des Leders. Wenn Sie am Ende Ihres Besuches alles über das Handwerk der Lohgerberei wissen, werden Sie Ihre Schuhe mit mehr Ehrfurcht benutzen.

Informationen: Technisches Schaudenkmal Lohgerberei »Friedrich Francke«, Untere Straße 6, 07570 Weida. Tel.: 036603/71350, www.weida.de. Öffnungszeiten: Apr.–Okt. Do–So 10–18 Uhr, Nov.–März Do–So 10–16 Uhr. Führungen ab 10.15 Uhr jede Stunde.

Preise: Erw. 5,00 €, Schüler ab 15 J. 3,50 €, Kinder ab 6 J. 1,00 €. Anfahrt: A 4 Abfahrt Gera, B 92 Richtung Greiz, A 9 Abfahrt Lederhose, B 175 Richtung Weida.

Tipp von Reinhard-Ingolf aus Gera

Märchenhaft – der Märchenwald Wünschendorf **45**

Es begann 1927: Mühlenbesitzer Schulze ließ zwei Wasserspiele anfertigen, die er am Ufer des Kamnitzbaches aufstellte. Die Miniaturen, durch Wasserkraft in Bewegung versetzt, zeigten eine Goldschmiede und ein Märchenhaus. Heute finden Sie mehr als ein Dutzend Wasserspiele im idyllischen Kamnitzgrund – begeben Sie sich auf eine Wanderung durch eine Märchenwelt!

Wünschendorf, wenige Kilometer südlich von Gera gelegen, gilt als die Pforte ins Elstertal. Im nahe gelegenen Kamnitzgrund, einem herrlich verwunschenen Tal, rauscht ein kleines Bächlein. Dieses treibt zahlreiche Wasserspiele an. Wenn Sie den Märchenwald betreten, hören Sie bereits das Klappern und Hämmern der vielen Zwerge und anderen Gestalten, die dank der Kraft des Wassers unermüdlich ihre Arbeit verrichten. Besonders sehenswert ist die Mühle gleich am Anfang des Märchenwaldes, denn darin spielt ein kleines Xylofon Musik! Natürlich treibt das Wasser auch sie an.

Entdecken Sie, wo Rotkäppchens Großmutter wirklich wohnt, beobachten Sie die sieben Zwerge und Schneewittchen und schauen Sie den Handwerkern zu, die die traditionellen in Wünschendorf und Umgebung einst ansässigen Gewerke betreiben. Genügend Parkplätze und Einkehrmöglichkeiten in Wünschendorf machen einen Besuch im Märchenwald zu einem tollen Erlebnis!

Informationen: Märchenwald Wünschendorf, Im Kamnitzgrund, 07570 Wünschendorf. www.wuenschendorf.de. Öffnungszeiten: Ostern bis Ende Oktober tgl. frei zugänglich.

Anfahrt: A 4 Abfahrt Gera, B 92 Richtung Weida, A 9 Abfahrt Lederhose, B 175 Richtung Weida, dort auf B 92 Richtung Wünschendorf.

Tipp von Thilo aus Bad Blankenburg

46 Rund um die Talsperre – Einblicke und Ausblicke

Wie schön ist es am Meer! Erst recht am Zeulenrodaer Meer mitten im thüringischen Vogtland. Einmal um die Weida-Talsperre herum, eine der Talsperren des Zeulenrodaer Meeres: Das ist eine Wanderung, die auch Ungeübte schaffen. Der gut gangbare Rundweg belohnt Sie mit intakter Natur, vielfältiger Fauna und Flora sowie herrlichen Ausblicken.

Einer der sechs Rundwanderwege im Zeulenrodaer Meer führt um die Talsperre Weida. Ausgangspunkt für Ihre Wanderung ist der Wanderparkplatz in Piesigitz. Auf schmalen, sehr natürlichen Pfaden geht es auf und ab. Immer wieder bieten sich grandiose Ausblicke auf die Weida-Talsperre. An der Piesigitzer Bucht meinen Sie sogar, in einem Urwald zu sein. Über drei aufeinander folgende Holzstege gelangen Sie an das Ufer der Sperre und können einen faszinierenden Ausblick genießen. Nicht weit entfernt sehen Sie die Kaskaden, das Überlaufwerk der Talsperre. Vorbei an der Karpfenwiese und den ufernahen Felswänden des Steinbruches gelangen Sie zur »Muschel.« Die interessante Flora neben dem schmalen Pfad am Steilhang macht Ihre Wanderung zu einem kleinen Abenteuer. Alles in allem sind die Wege gut begehbar. Ein knapp vier Kilometer langer Weg um die sogenannte Vorsperre Riedelmühle (zur Talsperre Zeulenroda gehörend) ist für Rollstuhlfahrer geeignet und auch mit Kinderwagen gut befahrbar.

antenne THÜRINGEN TIPP

Ganz in der Nähe des Zeulenrodaer Meeres finden Sie in der Badewelt Waikiki: subtropisches Flair zum Entspannen und Austoben. Genial! Am Birkenwege 1, 07937 Zeulenroda-Triebes. Tel.: 036628/7370, www.badewelt-waikiki.de. Öffnungszeiten: tgl. 9–21 Uhr. Tageskarte Erw. 17,90 €, Kinder 13,50 €.

Informationen: Tourismuszentrum Zeulenrodaer Meer, Bleichenweg 30, 07937 Zeulenroda-Triebes. Tel.: 036628-987064, www.zeulenrodaer-meer.de.

Öffnungszeiten: 15. Mai–15. Sept. Mo–Sa 10–17 Uhr, So/Fei 13–17 Uhr; 16. Sept.–14. Mai Mo–Sa 10–15 Uhr, So/Fei geschlossen.
Anfahrt: A 9 Abfahrt Triptis, L1087 Richtung Triptis/Auma/Zeulenroda

Tipp von Kai-Uwe aus Auma-Weidatal

47 An der Turmuhr drehen – in Weida

Vom mächtigen Schlossturm schaut man weit ins Vogtland. Zweimal im Monat können Sie beim Aufziehen der Turmuhr zuschauen. Einst war die Osterburg eine romanische Burg, dann wurde sie zum Renaissance-Schloss umgebaut, das im Dreißigjährigen Krieg niederbrannte. Im 17. Jahrhundert wieder aufgebaut, ist die Osterburg heute ein Museum, das einen Besuch lohnt.

Die Osterburg ist die Stammburg der Vögte von Weida. Sie gaben dem Landstrich auch den Namen »Vogtland.« Seit über 80 Jahren gibt es auf der Osterburg ein Museum, dessen Dauerausstellung in der Remise, im Turm und im alten Schloss historisches Mobiliar, Porzellan, Gemälde und eine Grafiksammlung präsentiert. Wer den beschwerlichen Weg auf die Zinnen des Turms auf sich nimmt, wird mit einem atemberaubenden Rundblick über das Vogtland belohnt. Der Aufstieg ist nicht ganz einfach. Es dürfen immer nur vier Personen am Aufstieg teilnehmen, deshalb unbedingt vorher im Museum anfragen. Am ersten und letzten Freitag im Monat (Mai–September) haben Sie Gelegenheit, mit dem Türmer in die Uhrenstube zu gehen und dort das Aufziehen der Turmuhr zu verfolgen. Anekdoten aus dem Leben eines Türmers inklusive. Auch hier ist der Platz begrenzt. Sie sollten rechtzeitig nach einer Führung fragen. Besonders sehenswert ist der Burggarten. Wer wissen will, bis wohin das Eis der letzten Eiszeit reichte, kann es auf dem dort stehenden Eiszeitstein nachlesen.

Informationen: Museum Osterburg, Schlossberg 14, 07570 Weida. Tel.: 036603/62775, www.osterburg-vogtland.eu.
Öffnungszeiten: Apr.–Okt. Do–So 10–18 Uhr, Nov.–März Do–So 10–16 Uhr oder nach telefonischer Vereinbarung.

Preise: Erw. 5,00 €, Kinder ab 6 Jahren 1,00 €, Führungen (nur auf Anfrage) bis 20 Pers. 30,00 €.
Anfahrt: A 4 Abfahrt Gera/B 92 Richtung Greiz/A 9 Abfahrt Lederhose/B 175 Richtung Weida.

Tipp von Bettina aus Weida

48 Des Menschen Werk – »Land der Tausend Teiche«

Wandern, Reiten, Kremserfahrten, im Herbst beim Abfischen der Teiche helfen oder einfach die Natur genießen und den Tag in einem gemütlichen Gasthof ausklingen lassen. Das größte Teichgebiet Thüringens im Naturpark Thüringer Schiefergebirge/Obere Saale, das »Land der Tausend Teiche«, lässt kaum einen Wunsch offen.

Im 11./12. Jahrhundert begannen Mönche auf der Hochfläche im östlichen Thüringer Schiefergebirge etwa 2.000 Teiche zur Fischzucht anzulegen. Heute sind noch rund 600 Teiche erhalten. Der größte von ihnen ist mit 28 Hektar der Hausteich, in dem in Ufernähe ein Haus auf Lärchenpfählen steht. Derzeit beherbergt das Pfahlhaus ein Museum für Fischerei- und Teichwirtschaft mit einer Ausstellung über die Geschichte des Gebäudes und die verschiedenen Nutzungen durch Teich-, Land- und Forstwirtschaft sowie Naturschutz.

Am besten starten Sie Ihre Reise ins »Land der Tausend Teiche« an der Touristinformation in Plothen. Ob Sie nun ausgedehnte Spaziergänge unternehmen oder an einer geführten Wanderung teilnehmen, Sie werden eine tolle Landschaft zu Gesicht bekommen. Zahlreiche weitere Aktivitäten bieten sich Ihnen, von einer Kremserfahrt über das Fischen mit einer Handangel bis hin zu einer Fahrt mit der Draisine auf einer stillgelegten Eisenbahnstrecke oder Ausflügen zu Pferd. In den Dörfern im »Land der Tausend Teiche« finden Sie genügend Übernachtungsmöglichkeiten in Gasthäusern oder Ferienwohnungen, in der Jugendherberge Plothen oder auf dem Campingplatz Dreba.

Informationen: Touristinformation »Land der Tausend Teiche«, Ortsstraße 46 a, 07907 Plothen. Tel.: 036648/23922, www.land-der-tausend-teiche.de.

Tipp von Michael aus Plothen

Öffnungszeiten: Apr.–Okt. Di, Fr 13–16 Uhr, Sa, So, Fei 13–16 Uhr, Mo/Mi/Do geschlossen.
Anfahrt: A 9 Berlin–München, Abfahrt Dittersdorf, weiter Richtung Plothen. Die Touristinformation befindet sich in der Ortsmitte.

Mit Hochspannung – Wasser-
kraftmuseum Ziegenrück 49

Ein Museum mit Hochspannung, in dem es funkt und knistert: Das älteste noch im Original erhaltene Wasserkraftwerk an der oberen Saale lädt Sie zu einer spannenden Reise in die Welt der Stromerzeugung ein. Sehen Sie, was früher für Erleuchtung sorgte und wie die Wasserkraft genutzt wurde. Die Kraft des Wassers – zeitlos modern präsentiert!

In der einstigen Fernmühle von Ziegenrück erwartet Sie ein außergewöhnliches Museum, dessen Name schon besonders ist: Wasserkraftmuseum. Was man alles mit des Wassers Kraft anfangen kann, wird in der sehenswerten Ausstellung deutlich. Nicht nur der Stromerzeugung, auch der Nutzung als Antriebskraft für Mühlen aller Art oder für den Transport von Holz wird hier Raum gegeben.

Wenn Sie Genaueres zur Fernmühle wissen wollen – das Museum ist nicht nur ein technisches Museum, sondern auch ein Heimatmuseum, das unter anderem über die Errichtung der Saaletalsperren informiert. Bis zum Anfang des 19. Jahrhunderts wurde hier Mehl gemahlen. Dann kamen eine Öl- und eine Lohmühle hinzu. Ende des 19. Jahrhunderts baute man die Fernmühle zu einem Laufwasserkraftwerk um und lieferte elektrischen Strom an die Ziegenrücker Holzstoff- und Pappenfabrik von Kommerzienrat Keller. Und zweimal am Tag wird es wirklich hochspannend: bei den Hochspannungsvorführungen um 11 und 15 Uhr. Diese sollte Sie keinesfalls verpassen!

Informationen: Wasserkraftmuseum Ziegenrück, Lobensteiner Straße 6, 07924 Ziegenrück. Tel.: 036733/282524, www.wasserkraftmuseum.de. Öffnungszeiten: Apr.–Okt. Di–So 12–17 Uhr, Nov. Sa, So 13–16 Uhr, Dez., Feb., März Fr–So 13–16 Uhr, Jan. geschlossen. Führungen auf Anfrage.

Anfahrt: Über A 4 Abfahrt Jena-Göschwitz, B 88 Richtung Pößneck, weiter nach Ziegenrück; über A 9 Abfahrt Dittersdorf, weiter Richtung Linda/Dreba/Knau/Bucha.

Tipp von Susann aus Obernzenn

50 Born to be wild – als Trike-Pirat durchs Land

Das Gefühl von Freiheit, den Wind im Gesicht zu spüren, entspannt im bequemen Pilotensessel sitzen und durch die schöne Thüringer Landschaft rollen – das ist es, was die Fahrt mit einem Trike zu einem unvergesslichen Erlebnis macht. Auch wenn die Trikes ordentlich Power haben, geht es nicht um Geschwindigkeit, sondern um Genuss.

Bei den Trike-Piraten mieten Sie sich ein Trike (Zwei- oder Dreisitzer). Helm auf, Motor an und schon geht es los. Reizvolle Fahrten durch den »Naturpark Thüringer Schiefergebirge/Obere Saale« und das wunderschöne Saaletal, Fahrten entlang des Hohenwarte-Stausees, bezaubernde Touren in den Thüringer Wald, das Vogtland und den Frankenwald. Über kurvige Strecken, sanfte Hügel, durch dunkle Wälder rollen Sie mit den PS-starken Trikes, die über 150 Kilometer pro Stunde schnell sein können – aber nicht müssen. Was hätten Sie davon, die herrliche Landschaft nur als verschwommene Silhouette zu sehen? Die Trike-Piraten bieten Ihnen verschiedene Pakete an von »Abendrot« über »Bed&Trike« bis hin zur »Hochzeit«. Spezielle Angebote gibt es bei der »Lady-Sause« und der »Papa-Sohn-Sause«. Da behaupte noch einmal jemand, Dreiradfahren wäre nur etwas für kleine Kinder!

Informationen: Trike-Piraten, Trike-Vermietung: Silke Panier-Skopp, Am Gruneberg 9, 07381 Pößneck. Tel.: 0173/1419743, www.die-trike-piraten.de.

Preise: Ab 140,00 € inkl. Vollkasko- und Haftpflichtversicherung.
Anfahrt: A 9, Abfahrt Triptis, B 281 Richtung Neustadt/Orla, Pößneck.

Tipp von Silke aus Linda

51 Nachts um die Häuser ziehen einmal anders

Nachtschwärmerei in Saalfeld, das ist Geschichte zum Anfassen. Wenn Sie mit dem Ratsherren oder dem Nachtwächter durch abendlich ruhige Straßen spazieren, können Sie witzige oder gruselige Anekdoten dort hören, wo sie einst passierten. Im Fackelschein beginnen die Fassaden der schmucken Fachwerkhäuser ein »Eigenleben« zu entwickeln. Ein Erlebnis für die ganze Familie!

Wohl jeder hat in seinem Leben schon Stadtführungen mitgemacht. Jahreszahlen hört man, die man fast sofort wieder vergisst. Dieser Spaziergang durch das nächtliche Saalfeld ist anders: Im Fackelschein werden die Fassaden der Fachwerkhäuser scheinbar lebendig, die Schatten huschen über die Wände und eine Stimmung entsteht, die empfänglich macht für die skurrilen, lustigen und mystischen Geschichten aus der Saalfelder Stadtgeschichte. Doch nicht nur von Mord und Totschlag, Ehebruch und anderen erschröcklichen Begebenheiten aus dem 15. Jahrhundert werden Sie während Ihres nächtlichen Spazierganges hören. Trompetenklänge der Turmbläser werden Ihnen die Sommernacht versüßen. Wenn Sie den Turm des Darrtores erklommen haben, werfen Sie einen Blick auf das zur Ruhe gekommene Saalfeld. So schön liegt sie da, die Stadt, wie eine hübsche, schlafende Frau. Dann entführt Sie leise Trompetenmusik der Saalfelder Turmbläser und bereitet Sie auf den Höhepunkt der Nachtschwärmerei vor: Nur für Sie öffnen sich die Türen der Johanneskirche und Sie erleben Orgelmusik der Extraklasse in einem kurzen Konzert. So haben Sie Saalfeld noch nicht erlebt, und Sie werden wiederkommen!

Informationen: Touristinformation Saalfeld, Markt 6, 07318 Saalfeld. Tel.: 03671/522181, www.saalfeld-tourismus.de.
Termine: Aktuelle Termine finden Sie auf der Webseite der Touristinformation Saalfeld, für Gruppen sind gesonderte Termine möglich.
Preise: Erw. 15,00 €, Kinder (bis 14 J.) 7,50 €.
Anfahrt: A 4 Dresden–Frankfurt/M., Abfahrten Hermsdorfer Kreuz, Jena-Göschwitz, Weimar oder Erfurter Kreuz, A 9 Berlin–München, Abfahrten Triptis, Schleiz oder Lobenstein, A 71 Schweinfurt–Erfurt, Abfahrt Arnstadt-Süd, je der Ausschilderung Richtung Saalfeld folgen.
Mit der Bahn: ICE Leipzig–München halten in Saalfeld, Regionalbahnen fahren aus allen Richtungen.

Tipp von Oliver aus Bad Blankenburg

52 Weidmannsheil – die Jagdanlage Rieseneck

Begeben Sie sich auf die Jagd nach dem schönsten Ausblick nach Orlamünde, in das Saaletal und zur Leuchtenburg! Ganz nebenbei können Sie die barocke Jagdanlage Rieseneck erforschen: Warum nicht bei einer fachkundigen Führung mit allerlei adeligen Jagdgeschichten, Jägerlatein und abschließendem Wildessen?

Westlich vom Residenzdorf Hummelshain befindet sich seit alters her ein »wildbretsreiches« Waldgebiet. So wundert es nicht, dass die Adeligen hier zur Jagd gingen. Der Wildwart fütterte täglich das Wild und blies anschließend in sein Jagdhorn. Zur herbstlichen Jagdzeit fanden sich die an das Jagdsignal gewöhnten Tiere ebenfalls auf dem Rieseneck ein und wurden – wie hinterhältig! – von den Adeligen geschossen. Zur Jagd luden die Herzöge von Sachsen-Altenburg. Nach getanem Waidwerk amüsierten sich die Adeligen im Alten oder Neuen Jagdschloss in Hummelshain, im Jagdschlösschen »Herzogstuhl« oder im Schloss »Fröhliche Wiederkunft« in Trockenborn-Wolfersdorf. Alle Schlösser und die Jagdanlage Rieseneck können besichtigt werden. Besonders empfehlenswert ist eine fachkundige Führung durch die Jagdanlage Rieseneck und zum Herzogstuhl. Hier kann man adeligen Jagdgeschichten lauschen, Jägerlatein studieren und ein deftiges Mittagessen mit Wildgerichten einnehmen. Das Ganze dauert etwa 90 Minuten und wird für Gruppen von 10 bis 40 Personen angeboten (Preis: 18,00 € p. P.).

Wasserschloss »Fröhliche Wiederkunft«: Dorfstraße 18a, 07646 Trockenborn-Wolfersdorf. Tel.: 036428/123834, www.schloss-wolfersdorf.de. Öffnungszeiten: Di–Fr 13–17 Uhr, Sa 10–17 Uhr, So 10–18 Uhr.

Das Neue Jagdschloss Hummelshain wird zurzeit saniert, die Fertigstellung ist für Mitte 2022 geplant. Bis dahin können Sie einen »Residenzdorf-Spaziergang« buchen (Tel.: 036424/51919).

Informationen: Thüringer Tourismus-
verband Jena-Saale-Holzland e.V.,
Margarethenstraße 7, 07768 Kahla.
Tel.: 036601/905200, www.saaleland.de.
Öffnungszeiten: Die Jagdanlage
Rieseneck ist tagsüber frei zugänglich,

Parkplätze befinden sich an der Land-
straße zwischen Kahla und Hummels-
hain.
Anfahrt: A 4 Abfahrt Jena-Göschwitz,
B 88 Richtung Kahla, in Kahla Richtung
Löbschütz/Hummelshain abbiegen.

Tipp von Ulrich aus Ballstädt

53 Geheime Projekte – NS-Rüstungswerke REIMAHG

Die Rüstungsindustrie im »Dritten Reich« hat viele geheime Projekte verfolgt, so auch rund um und unter dem Walpersberg in der Nähe von Kahla. Hier montierten ab 1944 Zwangsarbeiter der REIMAHG-Gruppe (die Abkürzung steht für »REIchsMArschall Hermann Göhring«) Jagdflugzeuge vom Typ Messerschmitt Me 262, die als »Wunderwaffe« angepriesen wurden.

Kriegswichtige Industrien wurden im Verlauf des Zweiten Weltkriegs vielerorts unter Tage verlagert, um Kriegseinwirkungen zu minimieren. Mit der Verlagerung der Flugzeugfertigung in die Unter-Tage-Anlagen unter dem Walpersberg bekam die REIMAHG-Gruppe den Auftrag, Flugzeuge zu produzieren. Anfangs sollten Maschinen vom Typ Focke-Wulf gebaut werden, später entschied man sich für die Produktion des neuen Jagdflugzeugs Messerschmitt Me 262. Über 10.000 Zwangsarbeiter waren für die Vorbereitung der Unter-Tage-Anlagen und die Produktion aus Osteuropa, Belgien, Holland und Italien nach Deutschland deportiert worden. Kriegsentscheidend war die Flugzeugproduktion unter dem Walpersberg in keiner Weise, denn lediglich 20 bis 30 Messerschmitt Me 262 verließen tatsächlich das Werk.

Die 2012 aktualisierte Ausstellung im Dokumentationszentrum Walpersberg zeigt anhand von Bildmaterial, Schrifttafeln, Videodisplays, Hörstationen sowie verschiedenen Modellen und Ausstellungsstücken die Geschichte des ehemaligen unterirdischen Rüstungswerkes. Im ersten Raum erfahren Sie viel über die Gründe der Verlagerung, der NS-Zwangsarbeit sowie der Bauplanung der Verlagerungsstelle mit dem Decknamen »Lachs«. Außerdem erhalten Sie interessante Informationen zur gefertigten Messerschmitt Me 262. Speziell um die unterirdische Geschichte des Berges geht es im zweiten Raum der Ausstellung. Dieser ist als begehbares Stollensystem gestaltet. Anhand einer umfangreichen Multimediapräsentation können Sie sich zur Anlage »Lachs« und zur späteren Nutzungsphase als »Komplexlager 22« während der Zeit der DDR informieren.

Informationen: Dokumentationszentrum Walpersberg, Dorfstraße 7, 07768 Großeutersdorf. Tel.: 036424/784616, www.walpersberg.com.
Öffnungszeiten: Do 17.30–19 Uhr bzw. nach telefonischer Absprache. Termine für Führungen im Internet.
Preise: Dokumentationszentrum: frei; Führungen: 9,00 € pro Person. Vorab anmelden!
Anfahrt: Zum Dokumentationszentrum: A 4 Abfahrt Jena-Göschwitz, B 88 Richtung Kahla/Orlamünde. Nach Kahla am Ortseingang Großeutersdorf Parkplatz nutzen, ca. 200 Meter Fußweg Richtung Ortsmitte.
Zu den Führungen: In Großeutersdorf Richtung Eichenberg/Dienstädt abbiegen, sofort danach rechts abbiegen (vor der Bushaltestelle), dem Weg in das ehemalige Militärgelände folgen. Parkmöglichkeiten sind vorhanden.

Tipp von Markus aus Röttelmisch

54 Vom Skywalk weit ins Land schauen – die Leuchtenburg

Von Weitem schon ist sie zu sehen, die »Königin des Saaletales«. Auf dem 400 Meter hohen Lichtenberg thront sie seit Jahrhunderten. Trotz barrierefreier Zugänge und modernster Ausstellungsgestaltung ist auf der Leuchtenburg das Mittelalter allgegenwärtig. Und am Ende Ihres Ausfluges geht sogar Ihr sehnlichster Wunsch in Erfüllung!

Fürstliches Amt, oberste Gerichtsbehörde, Zuchthaus, Armenunterkunft, Irrenhaus, beliebtes Wanderziel der Jugendbewegung der 1920er-Jahre, Luxushotel, Jugendherberge, geplantes Internierungslager des DDR-Regimes – die Vergangenheit der Leuchtenburg ist bewegt. Heute ist die Burg bei Kahla mit der Dauerausstellung »Porzellanwelten Leuchtenburg« ein Publikumsmagnet. Sie können hier die weltweit größte Porzellanvase bestaunen, die mit einer Höhe von immerhin acht Metern durchaus auch langstielige Rosen in sich aufnehmen kann. Das imposante Kunstwerk gestaltete der aus dem Kaukasus stammende Alim Pasht-Han in Zusammenarbeit mit der Porzellanmanufaktur Reichenbach. Neben der größten Vase können Sie aber auch die kleinsten Porzellanobjekte der Welt in der Ausstellung entdecken. Suchen Sie sich einfach ein Vergrößerungsglas – darunter ist das Objekt gut zu bestaunen.

Die Geschichte der Leuchtenburg wird in der Burgkapelle erlebbar und im Tretrad über dem tiefsten Brunnen Thüringens kann man am eigenen Leib nachempfinden, welch schwere Arbeit die Häftlinge des Zuchthauses leisten mussten, um die Burg mit Wasser zu versorgen.

Das wohl spektakulärste Detail der Leuchtenburg ist der »Steg der Wünsche«, ein 20 Meter über die Burgmauern herausragender Skywalk. Notieren Sie Ihren sehnlichsten Wunsch auf einem Porzellanteller, werfen Sie diesen am Ende des Stegs in die Tiefe – und Ihr Wunsch wird sich materialisieren!

Informationen: Leuchtenburg, Dorfstraße 100, 07768 Seitenroda. Tel.: 036424/713300, www.leuchtenburg.de.
Öffnungszeiten: Apr.–Okt. tgl. 9–18 Uhr, Nov.–März tgl. 10–17 Uhr, »Burgschänke« Apr.–Okt. tgl. ab 11.30 Uhr, Nov.–März Sa, So ab 11.30 Uhr.
Preise: Erw. 13,50 €, erm. ab 10,00 €, Kinder (6–16 J.) 8,50 €, Familienkarte (2 Erw., alle eigenen Kinder) 34,00 €, Jahreskarte 25,00 €.

Anfahrt: Aus Richtung Erfurt: A 4, Abfahrt Jena-Göschwitz, B 88 Richtung Kahla, der Ausschilderung folgen.
Aus Richtung Leipzig: A 4, Abfahrt Stadtroda, in Richtung Stadtroda und weiter Richtung Kahla, der Ausschilderung folgen. Kostenlose Parkplätze gibt es am Fuße der Burg.

Tipp von Doreen aus Lindig

55 Nicht das Ende der Welt – Skulpturengarten Plinz

Wer von Altenberga nach Groß- oder Kleinkröbitz unterwegs ist, glaubt das Ende der Welt schon erreicht zu haben. Doch unvermittelt taucht ein kleiner, verwunschener Ort aus der Landschaft auf, bevölkert von skurrilen Figuren, die vom Künstler Jochen Bach geschaffen wurden. Diese Parallelwelt wollen Sie nicht mehr verlassen, einfach zauberhaft!

Das Ende der Zivilisation und ein Tor in ein Paralleluniversum scheinen auf dem Weg zwischen Altenberga und Großkröbitz in der Nähe von Kahla zu liegen. Von der A 4 Richtung Kahla fahren Sie durch Schöps und dann nach rechts Richtung Altenberga dem Ende der Welt entgegen.

Doch bevor Sie es erreichen, taucht unvermittelt der Ort Plinz vor Ihnen auf. Ihn hat der Künstler Jochen Bach in den letzten vierzig Jahren zu einem Gesamtkunstwerk gemacht. Dieser herrlich verwunschene Ort beherbergt eine riesige Freiluftausstellung, in der Kunst verschiedener Gattungen zu sehen (und zu kaufen) ist. Ob Sie im Garten der Stille wandeln, im Garten des Rauschens den Tinnitus vergessen, den Garten der Steine, der Frösche oder der Vögel besichtigen: Plinz ist ein magischer Ort, in dem man auch durchaus einmal ein paar Tage verweilen und dem Künstler bei der Arbeit zuschauen kann.

Eine Ferienwohnung wartet nur darauf, von am Tor zur Parallelwelt Gestrandeten bezogen zu werden.

Informationen: Skulpturengarten Plinz, Jochen Bach, Plinz 1, 07751 Milda. Tel.: 036422/22438, www.plinz.de, tagsüber kostenlose Besichtigung.

Anfahrt: A 4 Abfahrt Jena-Göschwitz, B 88 Richtung Kahla, hinter Schöps nach rechts Richtung Altenberga. Die Ortschaft Plinz liegt zwischen Altenberga und Großkröbitz/Kleinkröbitz.

Tipp von Jochen aus Milda

56 Lautlose Jäger bewundern

Es ist ein besonderes Erlebnis, den lautlosen Anflug eines Uhus aus nächster Nähe eben nicht zu hören. Sehen Sie zu, wie ein Adler aus großer Höhe auf seine Beute hinabstürzt. Bewundern Sie Eulen und Uhus aus einer Distanz, die Sie in freier Wildbahn nie erreichen werden. Wo sonst bekommen Sie einen Andenkondor zu Gesicht oder den größten Greifvogel der Welt, den Riesenseeadler?

Seit 2005 ist der Adler- und Falkenhof Schütz auf der Niederburg in Kranichfeld zu finden. In den großzügigen Volieren sind verschiedene Greifvögel zu sehen, wie der Weißkopfseeadler, der hier erfolgreich gezüchtet wurde. Wissenswertes rund um die Lebensweise der Greifvögel erfahren Sie auf zahlreichen Informationstafeln. Besonders sehenswert sind die Flugvorführungen mit den Greifvögeln – dem Andenkondor und vielen mehr. Ebenso beeindruckt der lautlose Flug des Uhus dicht über Ihre Köpfe hinweg. Also: Tragen Sie lieber keine Hochsteckfrisur an diesem Tag! Der Besuch der Niederburg selbst ist natürlich ebenso lohnenswert. 1147 wurde sie erstmals urkundlich erwähnt, sie gehörte im 13. Jahrhundert zum Besitz der Grafen von Schwarzburg.

Anfang des 20. Jahrhunderts wurde die nun in Privatbesitz befindliche Burg völlig neu gestaltet – so, wie sie heute zu sehen ist. Zu DDR-Zeiten ein FDGB-Ferienobjekt, steht die Niederburg heute für Besucher offen und ist ein Ort für Veranstaltungen aller Art.

antenne THÜRINGEN TIPP

Kranichfeld hat neben dem Falkenhof und der Niederburg noch mehr zu bieten: das Oberschloss mit dem berühmten »Leckarsch«, einer Drolerie aus dem 16. Jahrhundert, oder das Baumbach-Haus, das älteste Gebäude Kranichfelds und einst Wohnung des Heimatdichters Rudolf Baumbach. Der Name sagt Ihnen nichts? Aber das Volkslied »Hoch auf dem gelben Wagen«! Der Text zu diesem Lied stammt von Baumbach.

Informationen: Adler- und Falkenhof Schütz, Niederburg Kranichfeld, Schlossgasse 18, 99448 Kranichfeld/Thüringen, Tel.: 036450/44191, www.falkenhof-kranichfeld.de.
Öffnungszeiten: Anfang April bis Ende Oktober, Flugvorführungen: Di–So sowie feiertags 15–16 Uhr.
Preise: Erw. 8,00 €, Kinder (4–14 J.) 5,00 €.

Anfahrt: BAB 4, Erfurt-Ost, Richtung Kranichfeld.
BAB 71, Arnstadt-Süd, Richtung Stadtilm-Kranichfeld.
Navigation – Ziel »Auenweg«, Kranichfeld.

Tipp von Alina aus Erfurt

57 **Aus allen Wolken fallen – in Alkersleben**

»Nur Fallschirmspringer wissen, warum Vögel singen!« Diese Redewendung werden Sie nach Ihrem Fallschirmsprung bestätigen können. Erleben Sie das einmalige Gefühl des freien Falls aus 4.000 Metern Höhe und das sanfte Hinabgleiten, nachdem der Schirm sich geöffnet hat. Ein Tandemsprung mit erfahrenen Fallschirmspringern ist ein ganz besonderes Erlebnis!

Stürzen Sie sich aus über 4.000 Metern aus dem Flugzeug, genießen Sie die Zeit des freien Falls und schweben Sie sachte zur Erde zurück! Wenn Sie das erleben wollen, aber keine Zeit für oder keine Lust auf eine Ausbildung haben, dann begeben Sie sich in die erfahrenen Hände der Experten der Erfurter Fallschirmspringer-Kameradschaft auf dem Flugplatz Alkersleben. Nach einer Einweisung am Boden, wie Sie sich im Flugzeug und beim Sprung verhalten sollten, steigen Sie in das bereitstehende Flugzeug und heben ab in die Luft. Ist die Absprunghöhe erreicht, heißt es: bitte aussteigen! Dann werden Sie die wohl spannendsten 50 Sekunden Ihres Lebens erleben! Auf Wunsch gibt es einen Film von Ihrem Tandemsprung, womit Sie das einmalige Gefühl des freien Falls jederzeit zu Hause nachempfinden oder Ihre Freunde beeindrucken können.

Sie sollten mindesten 1,40 Meter groß sein und nicht mehr als 90 Kilogramm wiegen. Eine gesundheitlich gute Verfassung wird vorausgesetzt, Sie sollten beispielsweise keine Kreislauf- oder Herzprobleme haben, nicht an Schwindel- oder epileptischen Anfällen leiden oder über sogenannte Glasknochen verfügen.

Informationen: Erfurter Fallschirmspringer-Kameradschaft. Tel.: 0176/78681521, www.fallschirmsport-erfurt.de. Termine nach Vereinbarung. **Preis:** Ab 199,00 € p. P.

Anfahrt: Flugplatz Alkersleben: A 4 Abfahrt Erfurt-West, Richtung Erfurt, abbiegen auf L 1049 Richtung Egstedt, weiter bis Alkersleben; A 71 Abfahrt Arnstadt-Nord, Richtung Dornheim, dort Kreisstraße 22 Richtung Alkersleben.

Tipp von Sabine aus Arnstadt

58 Kleinstes und Schönstes – Superlative in Ichtershausen

Es ist wahrscheinlich der kleinste Mittelaltermarkt Thüringens, der jedes Jahr im August rund um das Heimatmuseum Ichtershausen Schaulustige anlockt. Gaukler, Händler und allerlei Kurzweil entführen Sie in eine Zeit, die nicht nur von Entbehrungen geprägt war. Auch feiern konnten unsere Vorfahren! Für Speis und Trank ist gesorgt.

Wer nur einmal im Jahr nach Ichtershausen kommt, der hat wirklich etwas verpasst. Zwischen Erfurt und Arnstadt gelegen, wartet Ichtershausen mit einer über tausendjährigen Geschichte auf, mit malerischen Gässchen und Plätzen, schmucken Fachwerkhäusern und einem Heimatmuseum, das Sie gesehen haben müssen! In einer Laubengangscheune im Nebengebäude des Pfarrhauses finden Sie unter anderem einen Kolonialwarenladen aus der Zeit um 1920, eine Schuster- und Drechslerwerkstatt aus dem Jahre 1700 und ein Schulklassenzimmer aus dem 19. Jahrhundert. Dass in der umfangreichen Sammlung auch etwas über die Nadelproduktion in Ichtershausen zu finden ist, dürfte nicht verwundern.

Doch der unbestrittene Höhepunkt des Jahres ist das Spectaculum am Museum, der wohl kleinste Mittelaltermarkt Thüringens. Handwerker, Ritter, Spielleute, Feuerspektakel, Speis und Trank, Musik und vieles mehr locken Anfang August nach Ichtershausen. Ob Pferderitte, Streichelgehege, handwerkliche Vorführungen, Bogenschießen oder Kämpfe der Ritter – für jeden ist etwas dabei! Abends, wenn die Klosterkirche und das Pfarrhaus im Licht der Fackeln erstrahlen, sind die Frauen und Männer vom Kulturverein Ichtershausen schon fleißig mit den Vorbereitungen für das Spectaculum im nächsten Jahr beschäftigt.

Informationen: Heimatmuseum Ichtershausen, Klosterstraße 1, 99334 Ichtershausen. Tel.: 03628/911-0,
www.thueringer-wald.com/urlaub-wan-
dern-winter/heimatmuseum-ichtershau-
sen-104058.html.

Öffnungszeiten: Apr.–Sept. tgl.
10–18 Uhr, Okt.–März tgl. 10–16 Uhr.
Führungen auf Anfrage.
Preise: Eintritt frei.
Anfahrt: A 4 Abfahrt Neudietendorf,
Richtung Thörey/Ichtershausen.

Tipp von Eyrin aus Walschleben

59 Wüste und Urwald – das Danakil im egapark

Die Trockenheit der Wüste und das tropische Klima des Urwalds – vereint im Wüsten- und Urwaldhaus Danakil, der neuen Attraktion des egaparks! Hier warten possierliche Erdmännchen, zarte Schmetterlinge und allerlei Pflanzen, die sich bestens an die Bedingungen der jeweiligen Klimazone angepasst haben.

Auf dem Gelände des egaparks, dort, wo einst die gläserne „Zentralgaststätte" mit der berühmten Rendezvous-Brücke Gäste einlud, steht heute das Danakil. Seinen Namen hat das weltweit erste Wüsten- und Urwaldhaus von der Danakil-Wüste in Äthiopien, die auch als „Höllenloch der Schöpfung" bezeichnet wird. Im Gegensatz zu diesem heutzutage lebensfeindlichen Gebiet ist das Danakil im egapark Wüste und tropischer Urwald in einem. In der Wüste gibt es wenig oder gar kein Wasser, im Urwald fast zu viel. Dennoch gibt es mannigfaltiges Leben in beiden Bereichen. Flinke und wachsame Erdmännchen sind der Besuchermagnet im Wüstenhaus. Stundenlang könnte man den possierlichen, aber recht wehrhaften Raubtieren zuschauen, die zur Familie der Mangusten gehören. Kakteen und andere Pflanzen, die mit wenig Wasser auskommen, bestimmen das Bild im Wüstenhaus.

Das Klima ändert sich komplett, wenn man den tropischen Urwald betritt. Plötzlich ist man von einem satten Grün und einer bunten Blütenpracht umgeben. Die Highlights des Urwaldhauses sind die Schmetterlinge, die hier umherflattern und sich an den reifen Früchten stärken.

Zahlreiche Schautafeln bieten nähere Informationen zu den jeweiligen Lebensbereichen sowie den Tier- und Pflanzenarten.

antenne THÜRINGEN TIPP

Im egapark gibt es noch viel mehr zu entdecken: den größten Kinderspielplatz Thüringens, einen Aussichtsturm, der einen faszinierenden Blick über die Stadt und das Gelände des Parks ermöglicht, die Sternwarte, das Deutsche Gartenbaumuseum und nicht zuletzt die zahllosen Blumenrabatten und Ausstellungshallen. Ein Besuch lohnt sich!

Informationen: egapark Erfurt, Gothaer Straße 38, 99094 Erfurt. Tel.: 0361/5643737 (Mo–Fr 9–17 Uhr), www.egapark-erfurt.de.
Öffnungszeiten: Apr.–Okt. tgl. 9–18 Uhr, Nov.–März 10–16 Uhr. Das Danakil ist während der Öffnungszeiten des ega-parks geöffnet.

Preise: Aktuelle Eintrittspreise finden Sie unter www.egapark-erfurt.de.
Anfahrt: A 4/A 71 Abfahrt Erfurt-Binders-leben, Richtung Stadtzentrum Ausschil-derung Messe/ega folgen, bewachter Parkplatz am Haupteingang. Navigation – Gothaer Straße 38, Erfurt.

Tipp von Jakob aus Erfurt

60 Dem Mann im Mond zusehen – Volkssternwarte Kirchheim

Der Blick in den nächtlichen Himmel lässt uns von fernen Galaxien träumen. Die Unendlichkeit des Universums bleibt dennoch unfassbar. Seit Galileo Galilei uns das Fernrohr geschenkt hat, können wir immer weiter ins All hineinsehen und spüren, wie klein und zerbrechlich unser blauer Planet eigentlich ist!

Werfen Sie einen Blick durch die leistungsfähigen Fernrohre der Kirchheimer Volkssternwarte und beobachten Sie den Mann im Mond bei seiner nächtlichen Tätigkeit! Nein, im Ernst: Hier können Sie den nächtlichen Himmel beobachten und Himmelskörper sehen, die Sie mit unbewaffnetem Auge nur als hellen Punkt wahrnehmen. Entdecken Sie die Schönheit der Nacht und erfahren Sie von den Fachleuten der Sternwarte Wissenswertes über das Universum und die Kräfte, die es zusammenhält. Interessierten Hobbyastronomen bietet sich die Möglichkeit, das All kostengünstig und selbstständig an den großen Instrumenten der Sternwarte zu beobachten. Allerdings sollte man den Besuch der Sternwarte einen Monat im Voraus anfragen. Verschiedene Beobachtungsgeräte stehen zur Verfügung, unter anderem ein Newton-Teleskop mit 2.500 Millimetern Brennweite und ein Zeiss-Refraktor mit 3.000 Millimetern Brennweite. Das größte Teleskop ist ein sogenannter Schiefspiegler mit einer Brennweite von immerhin fünf Metern. Dort hindurch sehen Sie sogar weit entfernte Nebel und Fixsterne klar und deutlich, ein einmaliges Erlebnis!

Tagungen, Workshops und Astroseminare können in der Sternwarte Kirchheim ebenfalls durchgeführt werden, es stehen geeignete Räumlichkeiten und Präsentationstechnik zur Verfügung.

Informationen: Volkssternwarte Kirchheim, Arnstädter Straße 61, 99334
Kirchheim. Tel.: 036200/61741,
www.sternwarte-kirchheim.de.
Öffnungszeiten: Sonnenbeobach-
tung: Apr.–Okt. So 10–11.30 Uhr;

Sternenhimmel-Beobachtungen: Nov.–
März Fr 19–21 Uhr.
Anfahrt: A 4 Abfahrt Erfurt-West, Landstraße Richtung Eischleben, am Ortsausgang rechts Richtung Kirchheim.

Tipp von Kerstin aus Herges-Hallenberg

61 Drei Burgen auf einmal – die Drei Gleichen

Das Landschaftsschutzgebiet »Thüringer Burgenland« mit den Drei Gleichen Mühlburg, Wachsenburg und Burg Gleichen ist eines der reizvollsten und geschichtlich interessantesten Gebiete Thüringens. Die wechselnden Naturlandschaften, idyllischen Dörfer und sagenumwobenen Burgen machen den besonderen Reiz dieses Landstriches aus.

Start und Ziel dieser Radtour ist das Stammhaus der Familie Bach (wenn Besichtigung erwünscht, bitte anrufen und Besuch vereinbaren, siehe Info) in Wechmar. Von dort aus fahren Sie die Bachstraße in südliche Richtung, unter der A 4 hindurch und die nächste Abzweigung nach links. Parallel zur Autobahn gelangen Sie über Feldwege Richtung Mühlberg. In Mühlberg finden Sie in einer einstigen Scheune (Thomas-Müntzer-Straße 4, 99869 Drei Gleichen/OT Mühlberg, Tel.: 036256/22846) die regionale Touristinformation und ein Geo-Informationszentrum des Nationalen GeoPark Thüringen Inselsberg – Drei Gleichen. Neben einer Dauerausstellung des Triasvereins »Thüringen vor 230 Millionen Jahren« sind wechselnde Gemälde- oder Fotoausstellungen zu sehen. Fahren Sie weiter Richtung Holzhausen. Kurz vor dem Dorf sehen Sie auf der Anhöhe die Veste Wachsenburg. Richtung Holzhausen radeln Sie weiter auf dem Graf-Georg-Weg mit dem Ziel Burg Gleichen bei Wandersleben. Im Freudenthal erwarten Sie ein Gasthof und der Anstieg zur Burg mit sehenswerter Ausstellung zur Geschichte der Drei Gleichen. Dann fahren Sie zurück nach Wechmar.

antenne THÜRINGEN TIPP

Bei Kornhochheim sollten Sie auf der Bank am »Kummelkreuz« die fantastische Aussicht genießen. Das fünf Meter hohe Eichenholz-Kreuz wurde im Jahr 2000 aus Dankbarkeit für die Deutsche Einheit von den Bürgern Neudietendorfs und Kornhochheims aufgestellt. Zu erreichen ist die Anhöhe »Kummel« von der A 4 kommend Richtung Neudietendorf gleich links hinter der DEA-Tankstelle, von Neudietendorf kommend durch Kornhochheim am Ortsende rechts vor der Tankstelle.

Informationen: Kulturscheune und Touristinformation Mühlberg, Thomas-Müntzer-Straße 4, 99869 Drei Gleichen/OT Mühlberg.

Tel.: 036256/22846, www.drei-gleichen.de.
Anfahrt: A 4 Abfahrt Gotha, Richtung Ohrdruf, in Schwabhausen Richtung Wechmar abbiegen.

Tipp von Heike aus Wandersleben

62 Spaß für Leute mit gutem Gleichgewichtssinn

Körpergewicht nach vorn verlagern heißt »Gas geben«, nach hinten lehnen »bremsen«. Nach links und rechts lenkt man ebenfalls nur mit dem eigenen Körpergewicht. Mit einem Segway bewegt man sich in angenehmem Tempo durch die Stadt und sieht weit mehr als bei allen Stadtführungen zu Fuß.

Ob Sie nun die »Fun Tour« oder die »Candlelight Tour« buchen, jede Tour beginnt immer mit einer ausführlichen Einweisung und einem Fahrtraining auf dem trendigen Fahrzeug. Wenn die Körperhaltung stimmt, sausen Sie gemeinsam mit erfahrenen Instruktoren, die für Ihre Sicherheit sorgen, fast lautlos durch die Landeshauptstadt und sehen mehr als jeder Fußgänger in der gleichen Zeit. Entdecken Sie einen der am besten erhaltenen mittelalterlichen Stadtkerne Deutschlands, schmucke Patrizierhäuser und liebevoll rekonstruierte Fachwerkhäuser – quasi im Vorbeifahren: Stopps natürlich inklusive.

Die »Fun Tour« beginnt am bluegreen-Firmensitz in Daberstedt. Von dort geht es durch die Parkanlagen am Löberwallgraben bis zum Dreibrunnenbad. Dann rollt man weiter über den Domplatz durch die Altstadt, vorbei an der Krämerbrücke und zurück zum Ausganspunkt. Die »Candlelight Tour« ist ein Muss für frisch und lang Verliebte: Sie endet in einem Restaurant mit romantischer Kerzenbeleuchtung.

Drei weitere Erfurt-Touren sind im Angebot: Die »Entdecker-Tour« führt Sie entlang des Gera-Radweges bis zum Bachstelzencafé in Bischleben und von dort zurück in die Erfurter Altstadt. Auf der »Steigerwald-Tour« entdecken Sie die Schönheit dieses Waldgebietes im Süden von Erfurt. Und die »Gispi Tour« beginnt im Kilianipark, dann geht es an der Gera entlang nach Kühnhausen, von dort wieder nach Gispersleben und zurück.

Informationen: Bluegreen Erfurt, Weimarische Straße 33a, 99099 Erfurt, Tel.: 0361/21230493, Mobil: 0176/34114510, www.bluegreenerfurt.de/segtouren. php. Voraussetzungen zur Teilnahme: Mindestalter 15, mind. Mofa-Führerschein, Körpergewicht mind. 45 kg, max. 115 kg, gültiger Personalausweis/Reisepass, uneingeschränkte Verkehrstüchtigkeit. **Preise:** »Fun Tour«: 29,00 € p. P., weitere Touren im Angebot. **Anfahrt:** A 4 Dresden–Frankfurt, AS Erfurt Ost, Richtung Zentrum/Altstadt. Gewerbegebiet Weimarische Straße.

Tipp von Carola aus Erfurt

63 Unterm Barock – Kasematten im Schloss Friedenstein

Schloss Friedenstein erhebt sich auf einem Hügel über der Stadt Gotha. Es ist ein weitgehend erhaltenes historisches Baudenkmal des Frühbarocks in Deutschland. Doch nicht die prächtigen Säle oder der Park locken uns, nein! Wir wollen sehen, was sich unter dem Schloss verbirgt: eine der stärksten barocken Festungsanlagen Mitteldeutschlands!

Als Herzog Ernst I. von Sachsen-Gotha, auch »der Fromme« genannt, ab 1643 das Schloss Friedenstein auf den Grundmauern eines Vorgängerbaus errichten ließ, musste er auch an Verteidigungsanlagen denken, die ab 1667 schließlich gebaut wurden. Auch wenn sie nie ihre Wirksamkeit unter Beweis stellen mussten, ist mit ihnen ein barockes Festungsbauwerk erhalten geblieben, das bis vor ein paar Jahren nicht einmal die Gothaer selbst unter ihrem Schloss vermuteten.

Wenn Sie einmal hier sind, sollten Sie natürlich auch dem Schloss Friedenstein einen Besuch abstatten. Öffnungszeiten der Museen im Schloss Friedenstein (Schlossmuseum, Historisches Museum, Museum der Natur, Ekhof-Theater): Apr.–Okt. Di–So 10–17 Uhr, Nov.–März Di–So 10–16 Uhr. Anfahrt: A 4, Abfahrt Gotha, Richtung Stadtzentrum, Navigation – Schloss Friedenstein, Parkallee 15, Gotha.

Die einmalige Gelegenheit ein über 350 Jahre altes Bauwerk zu erkunden, sollten Sie unbedingt nutzen! Sie sollten sich allerdings klar darüber sein, dass die Gänge stellenweise eng und von geringer Durchgangshöhe sind. Die engste Stelle ist das »Mannloch« mit einer Breite von 50 Zentimetern und einer Höhe von etwas mehr als einem Meter. Warme Kleidung müssen Sie auch im Sommer für die Erkundung der Kasematten zur Hand haben, die Temperatur in den Gängen beträgt ganzjährig konstant 8°C!

Informationen: Gotha adelt – Tourist-Information & Shop, Hauptmarkt 40, 99867 Gotha. Tel.: 03621/510450, www.gotha-adelt.de.
Öffnungszeiten: Mo–Fr 10–18 Uhr, Sa 10–16 Uhr, So/Fei (Mai–Sept.) 10–14 Uhr, Führungen durch die Kasematten unter dem Schloss Friedenstein sind NUR über die Tourist-Information Gotha zu buchen!

Termine: Apr.–Okt. Führungen tgl. 13 und 16 Uhr, Nov.–Mrz. tgl. 13 und 16 Uhr; Dauer: ca. 1 Stunde.
Preise: Erw. 8,00 €, Kinder 4,00 €, Gruppenpreise auf Anfrage. Karten unbedingt vorher kaufen!
Anfahrt: A 4 Dresden–Frankfurt, Abfahrt Gotha, B 247/B 7 Richtung Stadtzentrum/Schloss Friedenstein.

Tipp von Elke aus Waltershausen

64 Das Glück der Erde – Crazy Paint Ranch Teutleben

Das Glück der Erde liegt auf dem Rücken der Pferde. Nach einem erlebnisreichen Tag auf der Crazy Paint Ranch werden Sie dem zustimmen. Reiten Sie in gemächlichem Tempo durch die Landschaft und genießen Sie die Zweisamkeit mit »Ihrem« Pferd. Sollten Sie bisher noch nicht auf einem Pferd gesessen haben, können Sie auch an einem Anfängerkurs teilnehmen. Yippie ja je!

Wanderritt, Sonntagsritt, Geländeritt oder gar mehrtägige Reitausflüge: Wer Pferde liebt, der sollte die Crazy Paint Ranch in Teutleben besuchen. Die zuverlässigen und ausgeglichenen Tiere sind ideale Begleiter für eine herrliche Auszeit in der schönen Umgebung rund um Teutleben. Fortgeschrittene Reiter, aber auch Anfänger sind hier bestens aufgehoben. In kleinen Gruppen von maximal sechs Pferden geht es durch die Natur.

Für Kinder bestens geeignet sind die kürzeren Ausflüge, bei denen die Pferde an der Hand geführt werden. Auch das ist schon ein tolles Erlebnis! Wer es romantisch mag, der kann mit dem Team der Crazy Paint Ranch einen »Vollmond-Ritt« vereinbaren: Nach einem gemütlichen Grillabend reiten Sie in die Vollmondnacht hinein. Mehrtagesausritte führen Sie in den Thüringer Wald, z. B. entlang des Rennsteigs.

Rund ums Pferd erfahren Sie natürlich auch alles Wissenswerte oder können dem Hufschmied dabei zusehen, wie er die Tiere beschlägt. Sollten Sie Reitzubehör benötigen, finden Sie hier sicher etwas Passendes.

Informationen: Crazy Paint Ranch Teutleben, Landstraße 17, 99880 Teutleben.
Tel.: 0173/5761668,
www.crazy-paint-ranch.de.

Termine: Siehe Website.
Preise: Ab 20,00 € pro Stunde.
Anfahrt: A 4, Abfahrt Waltershausen,
Richtung Laucha/Teutleben.

Tipp von Annalena aus Teutleben

65 »Wart! Berg, du sollst mir eine Burg werden!«

Kaum eine andere Burg in Thüringen ist weltweit so bekannt wie die Wartburg. Ludwig der Springer soll auf dem Felsen gestanden und gerufen haben: »Wart! Berg, du sollst mir eine Burg werden!« Lernen Sie die einstige Residenz der Thüringer Landgrafen, das Heim der Heiligen Elisabeth von Thüringen kennen – und den Ort, an dem Martin Luther dem Teufel höchstpersönlich ein Tintenfass entgegengeschleudert hat!

Über die Geschichte der Wartburg erfahren Sie alles während einer Führung durch die historische Festung. Im Palas, dem Hauptgebäude der Burg, sind der berühmte Festsaal und die Luther-Zelle zu bewundern. Die Ausstellung zeigt Objekte aus der Zeit der Landgrafen und späteren Epochen.

Besonders empfehlenswert ist der Aufstieg auf den Turm, der Ihnen einen fantastischen Rundblick über Thüringen bietet. Die Burganlage gehört seit 1999 zum Weltkulturerbe der UNESCO und bietet eine imposante Mischung aus Romanik, Gotik, Renaissance und Historismus. Fest verwurzelt in der deutschen Geschichte ist die Wartburg durch den Sängerkrieg, das Wirken der Heiligen Elisabeth von Thüringen und den Aufenthalt Martin Luthers. Auch der Dichterfürst Johann Wolfgang von Goethe weilte auf der Burg, auf der sich 1817 500 Jenaer Studenten trafen, um gegen reaktionäre Politik und Kleinstaaterei zu protestieren.

Zurzeit müssen alle Besucher den beschwerlichen Weg auf das 400 Meter hohe Felsplateau auf sich nehmen und zu Fuß gehen, denn die Eselstation hat den Betrieb bis auf Weiteres eingestellt. Auf der Webseite der Wartburg werden Sie informiert, sobald der Betrieb wieder aufgenommen wird. Also besser vorher schlaumachen! Für Besucher mit Mobilitätseinschränkungen gibt es einen Pendel-Bus vom Parkplatz bis zur Zugbrücke.

Informationen: Wartburg-Stiftung, Auf der Wartburg 1, 99817 Eisenach. Tel.: 03691/2500, www.wartburg-eisenach.de. **Öffnungszeiten:** Außengelände/Museumsshop: tgl. 9–18 Uhr, Eintritt frei; Besichtigung der historischen Räume und des Museums: tgl. 9.30–16.30 Uhr

Preise: Burgrundgang mit Palas, Museum und Lutherstube: Erw. 12,00 €, Kinder (ab 6 J.) 5,00 €, erm. 8,00 €. **Anfahrt:** A 4 von Osten: Abfahrt Eisenach-Ost, B 84/B 19. A 4 von Westen: A 4 Abfahrt Eisenach-West, B 19/B 84.

Tipp von Felix aus Tabarz

66 Blühende Landschaften im Westen Thüringens

Einmal im Jahr wird das Versprechen Helmut Kohls wahr und Thüringen zu einer blühenden Landschaft. Ganz besonders in der Umgebung von Gerstungen, der Stadt an der Werra, sind die Farbenpracht und der Duft in der blühenden Heidelandschaft einfach umwerfend: egal ob mit dem Fahrrad auf dem Werra-Radweg oder zu Fuß auf den Wanderwegen rund um Gerstungen.

Gerstungen lockt nicht nur mit seinem Wahrzeichen, dem Schloss, das schon vom Werratal aus zu sehen ist. Bekannt ist es auch wegen des großen Storchennestes auf einem seiner kleinen Giebeltürme. Der Storchenbrunnen auf dem Marktplatz nimmt Bezug auf das nachweislich seit 300 Jahren bestehende Storchennest. Eine Webcam verfolgt das Treiben der Störche: Big brother is watching you! Doch nicht nur der Schriftsteller George Orwell ist der Grund, Gerstungen zu besuchen. Es ist die blühende Heide. Diese Farbenpracht und den Duft der Heidepflanzen müssen Sie einfach erlebt haben! Ob Sie auf dem Werra-Radweg zur Heide an der sogenannten Bettelbank fahren oder sich zu Fuß dorthin begeben – es bleiben unvergessliche Eindrücke. Wenn Sie sich sattgesehen haben an der Heide, empfiehlt sich ein Abstecher in den Ortsteil Untersuhl. Dort können Sie eine der wenigen Rundkirchen Deutschlands besuchen. Empfehlenswert ist auch ein Ausflug zur Brandenburg in Lauchröden. Die Brandenburg ist die größte Doppelburganlage Thüringens und wurde 1173 erstmals erwähnt. In der Kemenate ist ein Burgmuseum eingerichtet worden, auf dem Freigelände der Burg finden regelmäßig Konzerte statt. Ehrenamtliche Helfer machen mit Ihnen gern einen Rundgang durch das Museum (Sa, So, Fei), am besten Sie rufen vor Ihrem Besuch an (Tel.: 0176/56958352). Das Burggelände ist jederzeit frei zugänglich.

Informationen: Gemeindeverwaltung
Gerstungen, Wilhelmstraße 53, 99834
Gerstungen. Tel.: 036922/2450,

www.gerstungen.de.
Anfahrt: A 4 Abfahrt Gerstungen.

Tipp von Regina aus Berka/Werra

67 Spannende Erlebnisse unter Tage

Bestaunen Sie 800 Meter tief unter der Erde, was Menschenhand vermag – in fachkundig begleiteten Führungen durch die Untertagewelt des Kalibergbaus in Thüringen. Hier gibt es nicht nur eine einzigartige Kristallgrotte mit riesigen Salzkristallen und den größten Untertage-Schaufelradbagger der Welt zu sehen, sondern Sie erfahren auch viele interessante Fakten aus Geologie, Geschichte und Bergbau.

Im Empfangsgebäude erhalten Sie alle wichtigen Informationen zur bevorstehenden Tour, bei der Sie im Förderkorb in nur 90 Sekunden in eine Tiefe von 500 Metern gelangen. Dort befördern Sie bereitstehende Fahrzeuge durch ein endlos wirkendes Labyrinth aus Strecken und Abbaukammern.

Erster Halt ist das »Museum«. Nicht nur die Geschichte einer der ältesten Salinen Mitteleuropas wird hier erlebbar, sondern auch die schwere und oft gefährliche Arbeit der Bergleute in früherer Zeit. Arbeitsgeräte und Maschinen lassen die 100-jährige Bergbaugeschichte in diesem Museum wieder lebendig werden. Nicht nur für Kinder stehen Bergbaugroßgeräte zum »Anfassen« bereit.

Eine weitere Attraktion ist der »Goldraum«. Hier wurden Ende des Zweiten Weltkriegs die Gold- und Devisenbestände der Deutschen Reichsbank und zahlreiche wertvolle Kunstwerke aus Berliner Museen eingelagert. Auf der 25-Kilometer-Tour sind darüber hinaus eine Sprengsimulation und technische Geräte des heutigen Kalibergbaus zu bestaunen. Angeboten wird auch eine Fahrt durch den Schlot eines erloschenen Vulkans.

antenne THÜRINGEN TIPP

Besondere Höhepunkte sind Konzerte im Großbunker. Erleben Sie 500 Meter unter Tage Musik von Klassik bis Pop!

Informationen: ErlebnisBergwerk Merkers, Zufahrtstraße, 36460 Krayenberggemeinde, OT Merkers. Tickets unbedingt vorher buchen über 03695/614101 oder das Internet, www.erlebnisbergwerk.de. Führungen: Jan.–März/Nov./Dez. Di–Sa 9.15 Uhr und 13.30 Uhr; Apr.–Okt. Di–Sa 9.15 Uhr und 13.30 Uhr. Kinder unter 10 Jahren dürfen leider nicht an der Grubenfahrt teilnehmen. Führungen dauern etwa 2,5 bis 3 Stunden. Bei Mobilitätseinschränkungen bitte erfragen, ob die Grubenfahrt möglich ist.

Anfahrt: A 4 aus Richtung Frankfurt/M.: Ausfahrt Friedewald, B 62 Richtung Philippsthal, B 84 Richtung Dorndorf, dann Ausschilderung Richtung Merkers beachten.
A 4 aus Richtung Dresden: Ausfahrt Eisenach-West, B 84 Richtung Dorndorf/Vacha, in Kieselbach Richtung Merkers.

Tipp von Martina aus Philippsthal

68 Heißester Ort im Kalten Krieg – Geisa

Geisa liegt malerisch im Ulstertal in der Thüringischen Rhön und bietet viele Sehenswürdigkeiten und Möglichkeiten, sich die Zeit sinnvoll zu vertreiben. Ob deutsch-deutsche Geschichte am Point Alpha oder musikalischer Hochgenuss vom Carillon in der Stadtpfarrkirche – Geisa ist eine Reise wert.

Wer nach Geisa reist, hat danach zu Hause viel zu berichten. Die Stadt mitten in der Rhön war einst der »heißeste Punkt im Kalten Krieg«, und ist doch so viel mehr: über 1.000 Jahre urkundlich belegbare Geschichte, eine in großen Teilen erhalten gebliebene mittelalterliche Stadtmauer, Museen und ein herrliches Musikinstrument im Turm der Stadtpfarrkirche St. Philippus und Jakobus: Das Carillon, ein aus 49 Bronzeglocken bestehendes Glockenspiel erklingt um 11, 15 und 19 Uhr automatisch, wird aber auch regelmäßig konzertant bespielt. Ein Stadtbummel durch die malerischen Straßen und über die Plätze lohnt sich sehr. Nach der Stadterkundung können Sie in einem der vielen Gasthäuser einkehren und sich stärken.

antenne THÜRINGEN TIPP

Geisa war einst der »heißeste Punkt im Kalten Krieg«, denn in unmittelbarer Nähe der Stadt verlief die innerdeutsche Grenze. US-amerikanische und DDR-Grenzsoldaten standen sich auf Steinwurfweite Auge in Auge gegenüber. Der historische US-Beobachtungsstützpunkt und der gegenüberliegende Beobachtungsturm der DDR-Grenztruppen erinnern an die Zeit der deutschen Teilung. Gedenkstätte Point Alpha: 36419 Geisa, Platz der Deutschen Einheit 1, Tel.: 06651/919030, www.pointalpha.com. Öffnungszeiten: Apr.–Okt.: tgl. 10–18 Uhr, Nov./März: 10–16.30 Uhr, Dez.–Feb.: Di–So 10–16.30 Uhr, Preise: Erw. 6,00 €, ermäßigt 5,00 €.

Informationen: Bürgerbüro im Rathaus Geisa, Marktplatz 27, 36419 Geisa. Tel.: 036967/69115, www.stadt-geisa.org.
Öffnungszeiten: Di 9–12 Uhr und 14–18 Uhr, Do 9–12 Uhr und 14–16 Uhr, Fr 8–12 Uhr.

Anfahrt: A 4 Abfahrt Eisenach-West, B 19 Richtung Eisenach, B 84 bis Butlar, weiter auf B 278 Richtung Geisa.

Tipp von Christine aus Weimar

69 Ganz Thüringen an einem Tag erleben

Die ausgedehnten Anlagen des Schlosses Friedenstein oder das Zeiss-Planetarium aus der Vogelperspektive betrachten, ohne in ein Flugzeug steigen zu müssen? Dem Glockenspiel des Erfurter Bartholomäusturms lauschen und nur einen Schritt weiter vor der Orangerie in Gera stehen? Im Miniaturenpark »mini-a-thür« entdecken Sie das grüne Herz Deutschlands an einem einzigen Tag!

Einzigartig in Thüringen ist der Miniaturenpark »mini-a-thür«. Eingebettet in die reizvolle Umgebung Ruhlas, beeindruckt er nicht nur durch die Detailtreue der mehr als 100 Modelle kulturhistorisch bedeutender Bauten Thüringens. Ob nun die Wartburg, das Schloss Wilhelmsburg, dessen Modelldach mit 64.000 handgeformten Miniziegeln gedeckt ist, die Thüringer Staatskanzlei oder das Zeiss-Planetarium in Jena – alle Modelle wurden im Maßstab 1:25 gefertigt, die in einer 18.000 m² großen Parkanlage unter freiem Himmel zu sehen sind. Zwei Modelle entfalten sogar akustische Reize: das Glockenspiel im Bartholomäusturm in Erfurt und die Rundkirche in Untersuhl, die ein Brautpaar zum Hochzeitsmarsch von Felix Mendelssohn-Bartholdy verlässt. Was es im »wirklichen Leben« nicht gibt, wird im »mini-a-thür« möglich: Ein ICE fährt an der Klosterruine Paulinzella vorbei.

Eine Thüringen-Rundreise in zwei Stunden – das schaffen sonst nur japanische Touristen!

Kinderspielplatz, Kindereisenbahn, Mini-Scooter und eine Modellbootanlage runden einen Besuch mit Kindern im »mini-a-thür« ab.

126

Informationen: Karolinenstraße 46, 99842 Ruhla, Tel.: 036929/60904 oder 80008, www.mini-a-thuer.de.

Öffnungszeiten: April bis Anfang Oktober tgl. 10–18 Uhr.

Preise: Erw. 9,00 €, Kinder (5–15 J.) 6,00 €, Familienkarte ab 18,00 €.

Anfahrt: A 4 Frankfurt/M.–Dresden: Abfahrt Waltershausen, Richtung Tabarz, weiter zur B 88 Richtung Eisenach;

B 19 aus Richtung Meiningen: In Etterwinden der Ausschilderung nach Ruhla folgen.

Navigation – Ziel »Geschwister-Scholl-Straße«, Ruhla.

Mit dem Bus von Eisenach mit der Linie 43 Richtung Ruhla.

Tipp von Nina aus Seebach

70 Ein Fluss in der Höhle – einfach überirdisch!

Hinabsteigen unter den Fels, den Höhlenbach plätschern hören und die faszinierenden Spiegelungen im Höhlensee betrachten: Die Altensteiner Höhle ist ein besonderer Höhepunkt im Thüringer Wald. Nicht minder interessant sind das Schloss Altenstein mit seiner ausgedehnten Parklandschaft und der Luisenthaler Wasserfall!

Unterhalb des Altensteiner Schlossparks befindet sich der Zugang zu einer der interessantesten Höhlen Thüringens. Anfang des 19. Jahrhunderts entdeckt, wurde die Höhle ausgebaut und für Besucher zugänglich gemacht. Herzog Georg I. von Sachsen-Meiningen nutzte die Höhle bereits für höfische Musikveranstaltungen. Auch heute locken Konzerte zahlreiche Gäste in die Altensteiner Höhle. Faszinierend sind der Bachlauf durch die Höhle sowie der See, der von dem Bächlein gebildet wird. Während der Führungen durch die Höhle können Sie Interessantes über Geologie und Geschichte der Altensteiner Höhle erfahren. Wieder ans Tageslicht zurückgekehrt, sollten Sie sich das Altensteiner Schloss mit dem herrlichen Schlosspark nicht entgehen lassen. Ein besonderes Schauspiel ist der Luisenthaler Wasserfall am Südrand des Parks. Genießen Sie die Alpenlandschaft, die Herzog Georg I. von Sachsen-Meiningen hier nachbilden ließ.

Informationen: Altensteiner Höhle, 36448 Schweina. Tel.: 036961/69320 (Touristinformation Bad Liebenstein), www.bad-liebenstein.de.

Öffnungszeiten: Wegen Bauarbeiten ist die Altensteiner Höhle bis voraussichtlich Frühjahr 2022 geschlossen. Rufen Sie vor dem Besuch am besten in der Touristinformation Bad Liebenstein an und fragen nach, ob Führungen möglich sind.

Anfahrt: A 4 Abfahrt Eisenach-West, B 19 Richtung Etterwinden, in Gumpelstadt links nach Schweina abbiegen.

Tipp von Manuela aus Bad Langensalza

71 Fallendes Wasser – der Trusetaler Wasserfall

Wassermassen, die über spitze Felsen in die Tiefe stürzen und in unzählige kleine Tröpfchen zerstäuben, üben einen unbeschreiblichen Reiz und eine große Anziehungskraft aus, sodass man unwillkürlich stehen bleibt und diesem Schauspiel zusieht. Die Gedanken gehen auf Reisen und springen auf die Wassertropfen auf, um sie auf ihrem Weg zum Meer zu begleiten.

Anfang der 1860er-Jahre äußerten sowohl Kurfürstin Auguste von Hessen als auch Herzog Bernhard von Weimar die Idee, in Trusetal einen Wasserfall als Anziehungspunkt für Touristen zu schaffen. Baurat Specht und Baumeister Reuße setzten die Idee in die Tat um und 1865 wurde der Trusetaler Wasserfall schließlich feierlich eröffnet. Unterhalb der Ortschaft Brotterode wird von Ostern bis Oktober ein Teil des Wassers der Truse umgeleitet. Es fließt durch einen 3,5 Kilometer langen, künstlich angelegten Graben zu der Felsformation am Ortsrand von Trusetal und stürzt dort über drei Kaskaden 58 Meter in die Tiefe. Neben dem Wasserfall führen 228 Stufen hinauf zu der Stelle, an der das Wasser im freien Fall seinen Weg nach unten nimmt.

Ein herrlicher Rundwanderweg schließt sich an, der Sie die Mühen des Aufstiegs vergessen lässt. Unter schattigen Bäumen, in sauberer Waldluft gehen Sie der »Quelle« entgegen.

Das kühle, kristallklare Wasser lässt den Wunsch entstehen, sich hier die Füße abzukühlen. Tun Sie sich keinen Zwang an! Nach etwa eineinhalb Stunden kommen Sie wieder am Parkplatz am Trusetaler Wasserfall an.

Informationen: Trusetal-Information am Wasserfall und im Ortszentrum, Rathausstraße 7, 98596 Trusetal. Tel.: 036840/81578, www.tourismus.brotterode-trusetal.de. **Öffnungszeiten:** Ostern–Ende Okt. tgl. 9–18 Uhr.

Preise: Eintritt frei, Parkgebühren: Pkw 3,00 € für 4 Stunden. **Anfahrt:** A 4, Abfahrt Waltershausen, Richtung Tabarz/Brotterode/Inselsberg.

Tipp von Sibylle aus Erfurt

72 Wandern mit Aussicht – der Große Inselsberg

Der vierthöchste Gipfel des Thüringer Waldes ist ein beliebtes Ausflugsziel nicht nur für Wanderer. Viele Möglichkeiten bieten sich Ihnen hier: der ausgiebige Genuss der Fernsicht, Wanderungen, Radfahrten und im Winter natürlich Skifahrten. Auch einige Rodelhänge liegen an den Flanken des Inselsbergs, sodass auch Ihre Kinder hier voll auf ihre Kosten kommen!

Er ist nicht der höchste Berg des Thüringer Waldes – höher sind der Große Beerberg (982 Meter), der Schneekopf (978 Meter) und der Große Finsterberg (944 Meter). Doch ohne Zweifel ist er das beliebteste Ausflugsziel der Region. Nicht nur der Rennsteig führt an ihm vorbei, auch andere Wanderwege haben den Inselsberg als Ziel. Die gute Verkehrsanbindung und ausreichend Parkmöglichkeiten machen ihn zu einem hervorragenden Ausgangspunkt für Ausflüge in die Natur. Am besten lassen Sie Ihr Fahrzeug auf dem Parkplatz am Kleinen Inselsberg stehen und laufen die etwa 1,5 Kilometer auf dem Rennsteig hinauf zum Gipfel.

antenne THÜRINGEN TIPP

Vom Aussichtsturm auf dem Inselsberg (tgl. 10–16 Uhr) haben Sie die wohl spektakulärste Rundsicht über Thüringen. Bei guten Witterungsbedingungen sind Fernsichten bis zum Brocken im Harz möglich! Hier befindet sich auch das höchstgelegene Trauzimmer Thüringens. Wer also seine Hochzeit zu einem wahren Höhepunkt machen will, der sollte hier »Ja!« sagen. Der Turm bietet daneben eine kleine Ausstellung zum Wintersport sowie zur Holzkunst und Holzgestaltung.

Auch der kurze Rundwanderweg am Gipfel ist für Ungeübte keine Herausforderung. Lassen Sie Ihren Blick an den vielen Aussichtspunkten schweifen. So schön ist Thüringen!

Wenn der Hunger übermächtig wird, können Sie im Gasthof einkehren und sich laben. Souvenirs können Sie natürlich auch erwerben. Für Wintersportfreunde bieten die Hänge der 916 Meter hohen Erhebung zahlreiche Skiabfahrten, Rodelhänge und Langlaufloipen. Vergessen Sie nicht, den Aussichtsturm auf dem Inselsberg zu besuchen!

Tipp von Petra aus Erfurt

Informationen: Tourist-Information Tabarz, Lauchagrundstraße 12a, 99891 Bad Tabarz. Tel.: 036259/5600, www.tabarz.de. Öffnungszeiten: Mo–Fr 10–12.30 Uhr und 13–17 Uhr, Sa 10–14 Uhr.

Anfahrt: A 4, Abfahrt Waltershausen, B 88 Richtung Friedrichroda/Tabarz, Ausschilderung »Inselsberg«, Parkplätze am Kleinen Inselsberg und an der Weggabelung zum Großen Inselsberg.

73 Naturidyll am Rennsteig – Ebertswiese und Bergsee

Wer träumt nicht davon, in das kristallklare Wasser eines Bergsees zu springen oder auf einer vom Morgentau feuchten, urtümlichen Wiese barfuß zu gehen? Beides können Sie auf der Ebertswiese und dem nahe gelegenen Bergsee in der Nähe von Floh-Seligenthal tun. Den höchsten natürlichen Wasserfall Thüringens gibt es gratis dazu.

Der wohl bekannteste deutsche Höhenwanderweg, der Rennsteig, führt nahe der Ortschaft Floh-Seligenthal direkt über eine der größten und artenreichsten Wiesenlandschaften: die Ebertswiese. Hier finden Sie Trollblumen und andere seltene Wiesenpflanzen, die alle unter Naturschutz stehen. Erfreuen Sie sich an ihrem Anblick und pflücken Sie sie nicht, denn bevor Sie zu Hause sind, sind sie verwelkt. Das sumpfige Gelände ist auch das Quellgebiet der Spitter, eines Bächleins, das etwa eineinhalb Kilometer von der Ebertswiese entfernt über den höchsten natürlichen Wasserfall Thüringens 20 Meter in die Tiefe stürzt.

Unbestritten der magischste Ort ist jedoch der Bergsee, der sich in einem alten Steinbruch innerhalb weniger Tage gebildet hat, nachdem Bergleute Mitte des 20. Jahrhunderts eine Wasserader angegraben hatten. Schroffe Felsen umgeben den See an drei Seiten. Beliebt bei Wagemutigen ist der zehn Meter hohe Felsen am Ufer des Sees, von dem aus ein Sprung in das kalte Wasser des 8 bis 13 Meter tiefen Sees ein Muss ist.

Sogar ein Lagerfeuer dürfen Sie an der dafür angelegten Stelle entfachen. Beachten Sie jedoch bitte unbedingt die Waldbrandwarnstufen. Im Zweifel informiert Sie die Tourist-Information in Floh-Seligenthal darüber.

Informationen: Tourist-Information Floh-Seligenthal, Bahnhofstraße 4, 98593 Floh-Seligenthal. Tel.: 03683/408848, www.floh-seligenthal.de.

Öffnungszeiten: Mo–Fr 9–12.30 Uhr, Di 13–16.30 Uhr, Do 13–17.30 Uhr. **Anfahrt:** A 4 Abfahrt Gotha, B 247 Richtung Georgenthal, weiter Richtung Tambach-Dietharz/Floh-Seligenthal.

Tipp von Annika aus Mechelroda

74 Wildwasserrafting auf der Apfelstädt

Einmal im Jahr öffnet die Talsperre Tambach ihre Schleusen und gibt eiskaltes Wasser in die Apfelstädt ab. Das ist der Tag der Tage! Im Schlauchboot kann man dann mit der Sturzflut – die Gischt im Gesicht – drei Kilometer durch den Ort brausen. Nicht über sieben Brücken, sondern unter ihnen hindurch und dann kommt ein Wehr … Trockene Wechselkleidung wird empfohlen!

Wer sich rechtzeitig anmeldet, der kann Ende Juli/Anfang August in Tambach-Dietharz ein herrliches Spektakel erleben: Die Schleusen der Tambacher Talsperre werden einmal im Jahr geöffnet und das angestaute Wasser schießt hoch aufschäumend durch das Flussbett der sonst so beschaulich durch den Ort plätschernden Apfelstädt. Ob Sie sich nun für eine Einzel- oder für eine Gruppenfahrt entscheiden – nass werden Sie auf jeden Fall! Die professionellen Bootsführer weisen Sie ein, Schwimmwesten und Helme erhalten Sie am Start. Der Rücktransport ist gesichert. Doch auch wenn Sie nicht wie wild im Wasser herumrudern, das Zuschauen ist ebenfalls ein großer Spaß für die ganze Familie. An mehreren Veranstaltungsorten in Tambach-Dietharz findet ein abwechslungsreiches Rahmenprogramm statt und auch an Kulinarischem mangelt es nicht. Infos zu den Terminen finden Sie unter www.wildwasserrafting-tambach-dietharz.de. Auf dieser Webseite können Sie sich auch anmelden.

Informationen: Tourist-Information
Tambach-Dietharz,
Burgstallstraße 31a,
99897 Tambach-Dietharz.
Tel.: 036252/34428,
www.tambach-dietharz.de.

Anfahrt: A 4 Abfahrt Gotha-Boxberg,
Richtung Gotha-Boxberg/Schmalkalden/
Tambach-Dietharz.

Tipp von Uwe aus Tambach-Dietharz

75 Gips in seiner schönsten Form – die Marienglashöhle

Gips gibt's in der Gipsfabrik – und in der Marienglashöhle. Dort ist er atemberaubend schön und zauberhaft illuminiert. Genießen Sie auf gut gangbaren Wegen und Treppen den Anblick der Gipskristalle. Wenn es draußen zu heiß sein sollte: Hier bekommen Sie eine Abkühlung gratis – in der Höhle sind es ganzjährig 8–10°C. Sie sollten also unbedingt eine Jacke mitnehmen!

Jeder kennt Gips, ob als Stuck an der Zimmerdecke oder als Füllmaterial bei Elektroinstallationen. Wie Gips auch aussehen kann, erfahren Sie in der Marienglashöhle. In dem ehemaligen Bergwerk wurde von 1778 bis 1903 Gips abgebaut, der unter anderem zum Schmuck von Marienbildern verwendet wurde, wodurch der Name »Marienglas« entstand.

Während der Führung erfahren Sie viel über die Entstehung des Thüringer Waldes und den Bergbau rund um Friedrichroda. Geologische Fenster rechts und links in den Wänden des 110 Meter langen Eingangsstollens gestatten Ihnen einen Blick auf die vorkommenden Gesteinsschichten. Die Kristallgrotte in der Marienglashöhle, die als eine der schönsten und größten Europas gilt, wurde 1778 entdeckt. Die Gipskristalle, die Sie hier sehen können, sind bis zu 90 Zentimeter lang. In der unteren Sohle befindet sich der Höhlensee mit reizvollen Wasserspiegelungen. Nach der Wanderung durch die Höhle können Sie sich im Waldgasthof »St. Marien« mit Gerichten aus der Thüringer Küche stärken (Di–Fr ab 11 Uhr, Sa/So ab 10 Uhr, aktuelle Informationen unter www.sankt-marien-waldgasthaus.de)

Informationen: Marienglashöhle
Friedrichroda, An der B 88,
99894 Friedrichroda.
Tel.: 03623/311667,
www.marienglashoehle-friedrichroda.de.
Die Höhle ist in der oberen Sohle für
Rollstuhlfahrer mit Sicht auf die
Kristallgrotte befahrbar.

Öffnungszeiten: Apr.–Okt. 10–17 Uhr,
Nov.–März 10–16 Uhr.
Preise: Erw. 7,50 €, Kinder (6–15 J.)
4,00 €, Schwerbehinderte 6,00 €,
Familienkarte 15,00 €. Führungen finden
alle 30 Minuten statt.
Anfahrt: A 4, Abfahrt Waltershausen,
B 88 Richtung Tabarz/Friedrichroda.

Tipp von David aus Friedrichroda

76 1.000 Jahre Geschichte – Schloss Reinhardsbrunn

Fürst Pückler lobte den Schlosspark mit den Worten: »Reinhardsbrunn ist ohne Zweifel als Werk der Kunst und Natur zusammengenommen, jetzt die schönste Anlage und einer der sehenswertesten Punkte im Thüringer Wald.« – Sie werden Herrn Pückler zustimmen und in eine herrlich romantische Gartenlandschaft im Stile des 19. Jahrhunderts eintauchen!

Im Jahr 1085 errichteten Benediktinermönche ein Kloster in Reinhardsbrunn. Es war zugleich das Hauskloster der Thüringer Landgrafen und ihre Grablege. Bis zur Reformation fanden die Ludowinger und deren sächsische Nachfolger im Kloster ihre letzte Ruhestätte. Elisabeth von Thüringen bestattete hier 1228 ihren Mann, Ludwig IV., den das Volk als »Ludwig den Heiligen« verehrte. Wunder, die sich an seinem Grab ereigneten, machten Reinhardsbrunn zum bedeutendsten Thüringer Wallfahrtsort. Unzählige Pilger kamen hierher, um in seiner Grabkapelle zu beten. Auf den Grundmauern des Klosters errichtete Herzog Ernst I. von Gotha-Coburg im 19. Jahrhundert ein Jagd- und Lustschloss im neugotischen Stil.

Der umgebende Schlosspark, der nach Plänen des gothaischen Oberhofgärtners Carl Theobald Eulefeld angelegt wurde, war der erste Thüringer Park im Stil des Historismus und ein Gartenkunstwerk von europäischem Rang. Auch wenn das Schloss selbst zurzeit von Verfall bedroht ist, lohnt sich ein Besuch des prächtigen Parks. Während einer fachkundigen Führung lernen Sie seine vielfältige Flora kennen und wandeln in einem der schönsten Parks Thüringens!

Informationen: Schloss Reinhardsbrunn, Informations- & Ausstellungszentrum, Reinhardsbrunn 5, 99894 Friedrichroda. Tel.: 03623/303085, www.schloss-reinhardsbrunn.de.

Termine: Parkführungen Apr.–Okt. Mi, Do, Sa, So, Fei 15 Uhr, Treffpunkt: Eingang Kavaliershaus.
Anfahrt: A 4, Abfahrt Gotha-Boxberg, L 1026 Richtung Friedrichroda.

Tipp von René aus Dermbach

77 Finsterbergen – ein Kleinod am Fuße des Inselsbergs

Finsterbergen trägt seinen Namen aufgrund seiner abgeschiedenen Lage inmitten der von hohen Fichtenwäldern umgebenen Berge, die einst als finster empfunden wurden. Was früher vielleicht ein Nachteil war, ist heute der Vorzug des Kurortes: kein nerviger Durchgangsverkehr, keine lästige Industrie stören die Idylle des Ortes.

Im Sommer sind Finsterbergen und seine Umgebung ein ideales Wandergebiet, im Winter ein sehr gut geeignetes Terrain für Skilanglauf. Zahlreiche Entspannungs- und Erholungsmöglichkeiten bieten sich dem Besucher. Der Ort selbst erstreckt sich 419 bis 710 Meter über N.N., ist pittoresk in ein grünes Tal eingebettet und führt seit 2003 das Prädikat »Heilklimatischer Kurort«. Genießen Sie die Natur in ihrer ganzen Pracht in und um Finsterbergen!

Die ausgedehnten Buchen- und Fichtenwälder bieten Ihnen nicht nur eine gesunde Atmosphäre für Wanderungen und Spaziergänge, sondern beherbergen auch eine vielfältige Tier- und Pflanzenwelt. Rehe, Wildschweine und Rotwild sind die Hauptwildarten in diesen Wäldern, wobei die Hirschbrunft dem Naturfreund im September und Oktober ein besonders beeindruckendes Naturschauspiel bietet. Aber auch andere seltene Tierarten wie der Schwarzstorch, die Wasseramsel und der Uhu können mit etwas Glück in der noch intakten Natur beobachtet werden. Natürlich bieten viele Gasthäuser dem müden Wanderer ein erquickendes Labsal nach dem Gang durch die Natur.

antenne THÜRINGEN TIPP

Im denkmalgeschützten Fuhrmannshaus aus dem 18. Jahrhundert gibt das Heimatmuseum Finsterbergen Einblicke in das Leben und Arbeiten in früheren Zeiten. Hier erfahren Sie anhand von Trachten, Stickereien und Musikinstrumenten Wissenswertes und Interessantes über die Geschichte des Ortes. Heimatmuseum Finsterbergen, Rennsteigstraße 28, 99894 Friedrichroda, OT Finsterbergen. Tel.: 03623/306143. Öffnungszeiten: Do 9–16 Uhr. Preise: Erw. 2,00 €, Kinder/Jugendliche (6–16 J.) 1,00 €.

Informationen: Tourist-Information Finsterbergen, Rennsteigstraße 17, 99894 Friedrichroda, OT Finsterbergen. Tel.: 03623/36420, www.finsterbergen.de.
Öffnungszeiten: Tourist-Information: Mo–Fr 9–12.30 und 13–17 Uhr.

Anfahrt: A 4 Dresden–Frankfurt/M., Abfahrt Waltershausen, Richtung Friedrichroda, dort auf der B 88 weiter Richtung Georgenthal. In Engelsbach nach Finsterbergen abbiegen. Navigation – Rennsteigstraße, Finsterbergen.

Tipp von Norbert aus Wutha-Farnroda

78 Die kleinste Brauerei Westthüringens

Ist die Brauerei auch noch so klein, bringt sie doch Trunk und Labsal in die Kehlen. Die kleinste Brauerei Westthüringens lockt mit fachkundigen Führungen und natürlich mit Verkostungen. Vorher bitte festlegen, wer nach Hause fährt!

Eines der ältesten Fachwerkhäuser Friedrichrodas, erstmals im Jahr 1209 als „Brauhaus über dem Bach" erwähnt, beherbergt nicht nur ein Gasthaus mit Pension, sondern auch die kleinste Brauerei Westthüringens! Was dort gebraut wurde, war ein obergäriges Bier, das schon nach zehn Tagen zum Verzehr bereit war. Dann lief der Bierausrufer durch die Straßen von Friedrichroda und gab bekannt: »Hört, ihr Leute, ein gutes Bier, ein voll Fass wird heut' aufgetan, kommt und labt euch am frischen Trunke!« Seit wann genau dort Bier gebraut wurde, ist nicht bekannt. Sicher ist, dass 1652 ein Brauknecht in einer Chronik erwähnt wird.

Sein heutiges Aussehen verdankt das „Brauhaus" im wesentlichen Karl Andreas Stötzer, der das Gebäude ab 1893 umbauen ließ. Auch heute ist das Brauhaus noch ein beliebtes Lokal. Der Besitzer fand ein altes Rezept, nach dem er heute sein Schacko-Bräu braut.

Wer genug vom frischen Bier gekostet hat, der findet in der Pension ein ruhiges Nachtlager. Wer also nicht den Fahrer ausknobeln möchte, kann sich getrost ausnüchtern und ein kräftiges Frühstück am nächsten Morgen genießen.

Ein besonderes Highlight: Schärfen Sie Ihren Geschmacks- und Geruchssinn bei einem Essen im Dunkeln! Die Termine werden auf der Webseite bekannt gegeben.

Hast Du Hunger oder Durst
hole Dir hier Dein Bier
und Deine Wurst!

Informationen: Brauhaus Friedrichroda, Bachstraße 14, 99894 Friedrichroda. Tel.: 03623/304259, www.brauhaus-friedrichroda.de.

Öffnungszeiten: Mo–Fr ab 17 Uhr, Sa/So 11–14 und ab 17 Uhr.
Anfahrt: A 4, Abfahrt Gotha-Boxberg, über Wahlwinkel, Schnepfenthal, Reinhardsbrunn nach Friedrichroda.

Tipp von Sabine aus Floh-Seligenthal

79 Sicher angeseilt – der Kletterwald Tabarz

In luftiger Höhe von Baum zu Baum über Seile balancieren, den eigenen Mut und seine Grenzen austesten – der Kletterwald Tabarz ist genau das Richtige für abenteuerlustige Menschen. Dazu begleiten der würzige Duft des Waldes und der Gesang der Vögel Ihre Klettertour. Ganz Mutige können sogar einen Base-Jump ausprobieren!

Im Kletterwald Tabarz bietet sich Ihnen die einmalige Gelegenheit, in Höhen zwischen 2 und 11 Metern über Drahtseile, Balken oder schwankende Brücken von Baum zu Baum zu balancieren. Sechs Parcours in verschiedenen Schwierigkeitsgraden und 80 Elemente warten darauf, bezwungen zu werden. Schwingen Sie sich wie Tarzan von Baum zu Baum oder lassen Sie sich aus den Wipfeln in ein Netz fallen. Ihr Adrenalinspiegel wird auf jeden Fall erhöht sein – und das soll ja bekanntlich die Lebensfreude steigern!

Im Kletterwald Tabarz wurde viel Wert auf hochwertige Sicherheitstechnik gelegt. Denn nur wenn Sie sich richtig sicher fühlen, können Sie sich in die Parcours »fallen« lassen und den Spaß richtig genießen. Das Sicherungssystem macht eine Komplettaushängung unmöglich. Erst durch das Sichern des einen Karabiners wird der andere Karabiner entsperrt. Die kinderleichte Bedienung sorgt dafür, dass es im Kletterwald keine Einschränkungen gibt: Auch Kinder dürfen überall klettern!

Zum Schluss empfiehlt sich der sogenannte Base-Jump: Aus elf Metern Höhe springen Sie von der Plattform und kommen der Erde schnell näher – der ultimative Spaß!

Informationen: Kletterwald Tabarz,
Am Datenberg, 99891 Tabarz.
Tel.: 036259/189834 oder 0172/1693146,
www.kletterwald-tabarz.de.
Öffnungszeiten: März–Mai und
Sept.–Okt. Di–So 10-19 Uhr;
Mai–Sept. tgl. 9.30–20 Uhr.

Preise: Erw. 21,50 €, Kinder (5–12 J.)
16,00 €, Jugendliche (bis 17 J.) 19,00 €,
Familienkarten ab 48,00 €.
Anfahrt: A 4 Abfahrt Waltershausen,
Richtung Tabarz/Friedrichroda. In Tabarz
Richtung Aktivpark Datenberg.

Tipp von Christina aus Friedrichroda

80 Es hat seinen Zinn – Zinn-figurensammlung Historicum

Hinter der Fassade des aufwändig restaurierten Fachwerkhauses im Schatten der Stadtkirche St. Georg versteckt sich Deutschlands größte öffentlich zugängliche Privatsammlung von Zinnfiguren. Über 10.000 Figürchen illustrieren das Leben in alten Zeiten, ob im alten Ägypten oder im 18. Jahrhundert. Hier wird auf drei Etagen Geschichte sichtbar.

Schon das Fachwerkhaus aus dem 16. Jahrhundert ist eine Augenweide. Doch es kommt noch mehr: Die größte private Sammlung von Zinnfiguren lässt Sie auf Zeitreise vom antiken Griechenland und dem alten Ägypten bis in heutige Tage gehen. Im Parterre beobachten Sie Wikinger, wie sie ein Dorf plündern oder betrachten das Markttreiben im antiken Griechenland. Die erste Etage ist der Neuzeit vorbehalten. Hier erwarten Sie Napoleon und Dioramen aus der Deutschen Kolonialzeit aber auch Szenen aus dem Ersten und Zweiten Weltkrieg. Das Dachgeschoss ist der Geschichte Amerikas vorbehalten. Ob einzelne Zinnfiguren oder Schaubilder mit hunderten Figuren und Gebäuden – alle Zinnfiguren sind in Handarbeit hergestellt und bemalt worden. Wer wissen will, wie viel Arbeit dahinter steckt, kann auf Anfrage in der kleinen Werkstatt der Zinnfigurensammlung selbst eine Zinnfigur gießen.

Informationen: Zinnfigurensammlung Historicum, Gillersgasse 1/ Leere Tasche, 98574 Schmalkalden. Tel.: 0172/7810787, www.zinnfigurenmuseum.com.
Öffnungszeiten: Mo, Di, Do, Fr 10–13 Uhr und 15–18 Uhr, Mi 10–18 Uhr, Sa 10–12 Uhr.

Preise: Erw. 4,00 €, Kinder 2,50 €. Führungen auf Anfrage: 15,00 €.
Anfahrt: A 4 Abfahrt Gotha-Boxberg, weiter Richtung Friedrichroda/Schmalkalden.

Tipp von Stefan aus Schmalkalden

81 Serengeti in Thüringen heißt Thüringeti

Die Weidelandschaft rund um Crawinkel ist genau das Richtige für Wanderer, Mountainbiker und Reiter. Auch Wissenshungrige kommen nicht zu kurz: Dank großer Informationstafeln kann man ganz nebenbei etwas über die Weidetiere lernen, die am Wegesrand interessiert den Touristen zuschauen. Haben Sie schon einmal Kiebitze, Braunkehlchen oder Schafstelzen beobachtet? Vielleicht haben Sie Glück!

Auf 2.300 Hektar züchtet die AGRAR Crawinkel GmbH Sport- und Freizeitpferde, erzeugt Bio-Rindfleisch und betreibt durch ganzjährige, großräumige Beweidung nachhaltige Landschaftspflege. So hat die Pflanzenwelt genug Zeit, sich zu entwickeln und es entstehen ungewohnt strukturreiche Weiden mit Hecken und Bäumen. Viel Raum bleibt für Wiesenvögel wie Feldlerche, Wiesenpieper, Braunkehlchen oder Bekassine, die hier erfolgreich brüten.

Eine Kutschfahrt auf Feld- und Wiesenwegen, mit einem Fachmann an Bord, der Ihnen die oft verborgenen Schönheiten des Weidelandes zeigt und erläutert – das ist eines der Erlebnisse, die Sie in der Thüringeti erwarten.

Oder Sie begleiten einen Ranger bei seiner Arbeit, fahren gemeinsam mit ihm in einem geländegängigen Fahrzeug bei der »Jeep-Safari«. Unterwegs erfahren Sie, was es alles zu entdecken gibt.

Die Feldwege sind gut zu Fuß begehbar, ob Sie nun an einer geführten Wanderung teilnehmen oder die Thüringeti auf eigene Faust erforschen.

Mit dem Mountainbike können Sie auf dem abwechslungsreichen Gelände Ihre Fahrkünste unter Beweis stellen. Wenn Sie wissen wollen, was Entschleunigung wirklich bedeutet – hier erfahren Sie es.

Übers Jahr finden Reit- und Jagdveranstaltungen, aber auch andere Festivitäten statt. Legendär ist die Thüringeti-Pferdeauktion Anfang Oktober. Hier können die im Frühjahr auf der Weide geborenen Fohlen, aber auch andere Sport- und Reitpferde ersteigert werden. Dazu eine leckere Bratwurst vom Holzkohlegrill und ein frisches Bier – das Leben kann so schön sein.

Informationen: Agrar GmbH Crawinkel, Gosselerstraße 25, 99330 Crawinkel, Tel.: 03624/314914, www.agrar-crawinkel.de. Angeboten werden Kremserfahrten (max. 15 Personen), geführte Wanderungen (2 Stunden, ca. 7 km) oder Rundfahrten mit dem Ranger (max. 3 Personen pro Fahrzeug). **Anfahrt:** A 4 Dresden–Frankfurt AS Gotha, dann B 247 Richtung Ohrdruf, B 88 Richtung Ilmenau oder von Arnstadt in Richtung Crawinkel durch das Jonastal (L 2149).

Tipp von Martina aus Geismar

82 Nicht nur Wintersport auf Weltniveau – Oberhof

Oberhof ist deutschlandweit für die hier stattfindenden großen und kleineren internationalen Sportwettkämpfe bekannt, wie den Biathlon-Weltcup, die Tour de Ski und den Rennrodel-Weltcup. Der Ferienort ist aber nicht nur ein Schauplatz von Wintermärchen – auch in den anderen Jahreszeiten ist die Stadt am Rennsteig eine Reise wert! Es ist ganz einfach, in Oberhof etwas zu finden, was der ganzen Familie Spaß macht.

Die Stimmung während der sportlichen Wettkämpfe in Oberhof, egal ob beim Skispringen auf den Schanzen im Kanzlersgrund, beim Biathlon oder beim Rennrodeln, ist einzigartig und wer einmal diese Atmosphäre erlebt hat, kommt immer wieder. Doch Oberhof auf den Wintersport zu reduzieren, hat die Stadt am Rennsteig nicht verdient. Am bekanntesten deutschen Fernwanderweg gelegen, bietet Oberhof eine Vielzahl von Attraktionen. Unternehmen Sie doch einmal einen Ausflug ins Hochmoor und lernen Sie die einzigartige Flora und Fauna des Schützenbergmoores aus der Nähe kennen. Keine Angst! Solange Sie auf dem Lärchenholzsteg bleiben, behalten Sie trockene Füße. Bestaunen Sie exotische Tiere im Exotarium, dem Aqua-Terra-Zoo in Oberhof, entspannen Sie sich im H2Oberhof, dem Wellness- und Erlebnisbad, oder genießen Sie die deftige Thüringer Küche in den Gasthäusern des Ferienortes. Wenn Sie bei all den möglichen Ablenkungen dennoch ein einzigartiges sportliches Ereignis aus der Nähe erleben wollen, dann finden Sie sich im Startbereich des Halb-Marathonlaufes am Rondell in Oberhof ein und feuern Sie die Läufer an! Die Termine aller sportlichen Ereignisse finden Sie auf der Webseite der Stadt.

Informationen: Haus des Gastes Oberhof, Crawinkler Straße 2, 98559 Oberhof.
Tel.: 036842/269-0, www.oberhof.de.
Öffnungszeiten: Tgl. 9–12 Uhr und
13–17 Uhr.

Anfahrt: A 71 Abfahrt Oberhof,
Landstraße Richtung Oberhof.

Tipp von Heiko aus Mittelstreu

83 Hopfen und Malz, Gott erhalt's – auch in Singen!

Ein würziges, frisches Bier aus schlanken Flaschen oder großen Gläsern lässt das Herz (und vielleicht auch die Leber) des Bierkenners vor Freude hüpfen. Wenn es dann noch so charmant und urtümlich an den Mann oder die Frau gebracht wird wie in der Familienbrauerei Schmitt in Singen, dann ist das ein guter Grund, immer wieder hierher zu kommen!

In herrlicher Umgebung, an zwei Teichen gelegen, eingerahmt von Bäumen und Sträuchern, liegt die wohl kleinste Brauerei Thüringens – der beste Ort, um ein wirklich frisches Bier zu kosten. Seit über 130 Jahren ist die Brauerei Schmitt in Familienbesitz und konnte sich bis heute gegen die Konkurrenz der Industriebrauereien behaupten. Das liegt nicht nur an der handwerklichen Kunst der Braumeister, sondern auch an der traditionellen Produktion des Gerstensaftes mit den alten Maschinen und Geräten, die fast unverändert erhalten geblieben sind.

Bis heute wird das Singener Bier »wie vor hundert Jahren« gebraut. Rührwerke und Würzepumpe werden am Brautag von der 12-PS-Dampfmaschine angetrieben (1904 angeschafft – ein imposantes technisches Gerät!). Die Bierwürze wird im Holzbottich vergoren, das Bier in Eichenholzfässern gelagert. Jede Woche wird einmal gebraut, wobei 2.000 Liter Würze hergestellt werden. Nach acht Tagen ist die Würze vergoren und das entstandene Jungbier reift vier bis fünf Wochen aus. Jedes Jahr werden etwa 800 Hektoliter Bier produziert. Der größere Teil wird in Fässern (vorrangig an Gasthäuser) verkauft, der kleinere Teil in Flaschen abgefüllt. Noch heute werden die Flaschenetiketten von Hand aufgeklebt!

Seit 1976 steht die Brauerei Schmitt unter Denkmalschutz. Der Biergarten im Schutz eines Felsens lädt zur Verkostung vor Ort ein, ein kleiner Imbiss vom Grill ist auch zu bekommen – an den Wochenenden oder nach Absprache.

Informationen: Brauerei Schmitt, Brauereiweg 1, 99326 Ilmtal OT Singen. Tel.: 03629/802556, www.brauerei-schmitt.de.

Anfahrt: B 87 zwischen Ilmenau und Stadtilm. Ab Ortsmittte Singen achten Sie auf die Ausschilderung zur Brauerei und zum Parkplatz.

Tipp von Bernd aus Eisleben

84 Mit Goethe auf den Berg – der Kickelhahn

»Über allen Gipfeln ist Ruh' | in allen Wipfeln spürest Du | kaum einen Hauch; | Die Vögelein schweigen im Walde. | Warte nur, balde ruhest Du auch.« Dies schrieb Johann Wolfgang von Goethe einst auf die Wand der kleinen Jagdhütte am Kickelhahn. Spüren Sie dieser friedvollen Atmosphäre nach und erleben Sie ein herrliches Fleckchen Thüringer Wald!

Goethe schrieb 1813 an Charlotte von Stein: »Auf dem Gickel-hahn, dem höchsten Berg des Reviers, [...] hab ich mich gebet-tet, um dem Wuste des Städtgens, den Klagen, den Verlangen, der unverbesserlichen Verworrenheit der Menschen auszuweichen.« Eifern Sie dem Meister der Verse nach und entdecken Sie die herr-liche Umgebung des Ilmenauer Hausbergs Kickelhahn!

Er ist 861 Meter hoch und mit seinem 24 Meter hohen Aussichts-turm eines der Wahrzeichen der Universitätsstadt. Unmittelbar am 20 Kilometer langen Goethe-Wanderweg gelegen, ist er auch dessen höchster Punkt. Seinen Namen hat der Berg wohl vom Auerhahn, der einst in dieser Gegend gejagt wurde. Heute gibt es nur noch präparierte Exemplare dieses Vogels im Museum »Jagd-haus Gabelbach«, etwa einen Kilometer unterhalb des Gipfels, zu sehen.

Vom Aussichtsturm aus haben Sie einen tollen Rundblick auf das Umland. Bei klarem Wetter erkennen Sie die Schmücke und den Schneekopf im Westen, Oberhof, den Inselsberg und die Drei Glei-chen. Das Berggasthaus »Kickelhahn« hält für Sie deftige Thürin-ger Küche und kühle Getränke bereit.

Informationen: Ilmenau-Informa-
tion, Am Markt 1, 98693 Ilmenau.
Tel.: 03677/600-300, www.ilmenau.de.
Öffnungszeiten: Mo–Fr 10–17 Uhr,
Sa/Fei 9–13 Uhr, So geschlossen.

Anfahrt: A 71, Abfahrt Ilmenau-West,
Richtung Stadtzentrum. Der Goethe-
Wanderweg beginnt an der Tourist-Infor-
mation und ist ausgeschildert.

Tipp von Ronald aus Gehlberg

85 Glück auf! – Schaubergwerk und Heilstollen Morassina

Eine märchenhafte Welt unter Tage erwartet Sie im Schaubergwerk »Morassina«. Die Natur hat hier über Tausende Jahre einzigartige Kunstwerke geschaffen, die der Mensch vor Jahrhunderten entdeckt hat und seither bewahrt. Tauchen Sie ein in eine farbenprächtige Unter-Tage-Welt und schärfen Sie Ihre Sinne bei einer Führung mit dem »Schwarzen Steiger«.

Das Kleinod unter den Schaubergwerken in Thüringen ist ohne Zweifel die Morassina. Herrliche Tropfsteingebilde, die in ihrer Farbenpracht und Formenvielfalt ihresgleichen suchen, sind in den über zwei Kilometer langen Gängen und Hohlräumen zu sehen. 1683 bis 1830 wurde in der Grube Bergbau betrieben. 1721 gab der damalige Besitzer des Bergwerkes, der Kaufmann Johann Leopold Morassi, der Grube den Namen »Morassina«. Nach 1830 geriet das Bergwerk in Vergessenheit. Erst 1951 entdeckten Kumpel der Wismut auf der Suche nach Uranerz die alten Zugänge und Stollen. Es sollte jedoch noch bis 1989 dauern, bis aus der Morassina eines der schönsten Schaubergwerke Deutschlands wurde.

Freuen Sie sich auf die verschiedenen Möglichkeiten, die Morassina zu entdecken. Leuten, die sich im Dunkeln nicht fürchten, sei besonders empfohlen, sich mit dem »Schwarzen Steiger« ohne den schwächsten Widerschein von Tageslicht durch die Gänge zu tasten. Jetzt sind andere Sinne gefragt, horchen Sie auf das Gestein. Es flüstert Ihnen zu, wo es langgeht. Zwei erfahrene Bergführer leiten Sie sicher wieder ans Tageslicht. Einzigartig ist außerdem, dass 80 Prozent der Gänge und Hohlräume barrierefrei zugänglich sind.

Informationen: Morassina Schaubergwerk & Heilstollentherapie, Schwefelloch 1, 98739 Schmiedefeld. Tel.: 036701/61577, www.morassina.de. **Öffnungszeiten:** Apr.–Okt. tgl. 9–17 Uhr, Nov.–März tgl. 10–16 Uhr, Führungen tgl. 10–16 Uhr.

Preise: Erw. 10,50 €, Kinder 7,50 € (einfache Führung); Erw. 13,00 €, Kinder 9,00 € (lange Führung). **Anfahrt:** A 71, Abfahrt Ilmenau-Ost, B 88 Richtung Gehren, weiter Richtung Katzhütte/Neuhaus am Rennweg/Schmiedefeld. GPS-Koordinaten – N 50° 31′ 57″ / O 11° 13′ 28″.

Tipp von Holger aus Schmiedefeld

86 Tanz auf dem erloschenen Vulkan – der Dolmar

Erloschener Vulkan, Kultstätte der Kelten, bester Aussichtspunkt der Region – ob Sie entlang des Kelten-Wanderweges streifen, die faszinierende Fernsicht genießen oder sich zu einem Rundflug entschließen und den Tag in gemütlichen Gasthäusern ausklingen lassen, der Dolmar ist immer eine Reise wert!

Für alle, die Erholung suchen oder geschichtlich interessiert sind, für begeisterte Wanderer und passionierte Radfahrer ist der Dolmar unweit der Theaterstadt Meiningen ein lohnenswertes Ziel. Mit fast 740 Metern Höhe ist dieser Tafelberg der bestgeeignete Punkt, um weit ins Thüringer Land zu schauen. Bei gutem Wetter sehen Sie den Großen Beerberg, den Schneekopf und natürlich den Inselsberg. Doch auch der Blick über Meiningen und in die Rhön mit Wasserkuppe, Heidelstein und Kreuzberg ist famos.

Genießen Sie die einzigartige Flora und Fauna an diesem geschichtsträchtigen Ort, der bereits von Kelten als Kultstätte genutzt wurde. Alle Radfahrer sind herzlich eingeladen, am ersten Sonntag im Mai die Radtour »Rund um den Dolmar« unter die Pedale zu nehmen. Ausflüge in die malerischen Dörfer am Fuße des Dolmar sollten Sie keinesfalls versäumen: zum Beispiel nach Christes mit seiner dreischiffigen, spätgotischen Basilika und dem wundertätigen Christus-Born oder nach Schwarza mit seinem 1791 angelegten jüdischen Friedhof und der Friedhofskapelle St. Bartholomäi aus dem 11. Jahrhundert.

Informationen: Berggasthof »Charlottenhaus«, 98547 Kühndorf. Tel.: 03693/507710, www.berggasthof-dolmar.de. **Öffnungszeiten:** Mi–So 11–17 Uhr, Mo/Di Ruhetag.

Anfahrt: A 71 Abfahrt Meiningen-Nord, Richtung Bad Salzungen/Kaltennordheim/Wasungen, abbiegen in Richtung Zella-Mehlis/Kühndorf, der Ausschilderung folgen zum Dolmar.

Tipp von Kerstin aus Christes

87 Wehrhafte Kirche – Michaeliskirche in Rohr

Ereignisse aus der Geschichte an dem Ort zu erfahren, wo sie tatsächlich stattfanden, ist ein beeindruckendes Erlebnis, ganz besonders in der ältesten Kirche Thüringens aus dem 9. Jahrhundert. In der Michaeliskirche zu Rohr fand im Jahr 984 der Reichstag statt, auf dem die Erbfolge nach dem Tod des deutschen Kaisers Otto II. geregelt wurde.

Wer sich für die älteste deutsche Geschichte interessiert und wissen möchte, wer hier so seine Spuren hinterlassen hat, der ist in Rohr genau richtig. Die Michaeliskirche in Rohr ist eine der interessantesten Dorfkirchen in Thüringen. Als Kirche eines Benediktinerklosters zwischen 815 und 824 erbaut, diente sie nach Auflösung des Klosters Anfang des 10. Jahrhunderts als Pfalzkapelle der deutschen Könige und Kaiser. Die Auseinandersetzungen in der Frage der Erbfolge nach dem Tod des deutschen Königs Otto II. fanden hier in Rohr ihren Höhepunkt: Im Alter von drei Jahren war Otto III., Sohn von Otto II., in Aachen zum deutschen König gekrönt worden. Doch Heinrich der Zänker (ein in gleicher Linie Verwandter Ottos II.) hatte Machtgelüste und entführte das Kind, was dessen Mutter Theophanu natürlich nicht gutheißen konnte. Auf dem Reichstag in Rohr bekam sie ihr Kind zurück, die Machtfrage war vorerst geklärt. Ende des 16. Jahrhunderts begann die Umgestaltung zur Dorfkirche. So sehen Sie die Kirche heute noch. Seit dem 9. Jahrhundert baulich unverändert ist die Krypta – ein besonderer, spiritueller Ort! Im Kirchenmuseum erfahren Sie alles Wissenswerte aus der Geschichte der ältesten Kirche Thüringens.

Informationen: Kirchenmuseum Rohr, Linde 4, 98530 Rohr. Tel.: 036844/30654 (März–Nov. Mi 14–17 Uhr), www.kirche-rohr.de.

Öffnungszeiten: Kirche: tgl. 10–18 Uhr, Führungen auf Anfrage.
Anfahrt: A 71 Abfahrt Meiningen-Nord, Richtung Rohr, Ausschilderung »Kirchburg mit Krypta« folgen.

Tipp von Anja aus Benshausen

Vom Teufel hingeworfen – der Feldstein bei Lengfeld

Für Romantiker liegt unter dem Teufelsstein ein alter Ritter. Dieser hätte seine Tochter lieber dem Teufel zur Frau gegeben, als dem Sohn seines ärgsten Feindes. Wie alle solche Geschichten endete auch diese mit dem Sieg der Jugend. Für Realisten ist der Teufelsstein eine geologische Besonderheit: ein Basaltfelsen mit fünf- und sechsseitigen Säulen!

In der Steinsburg auf dem kleinen Gleichberg bei Römhild (siehe auch Tipp 90), hauste einst ein finsterer Ritter in einer verfallenen Burg, der mit dem Teufel einen Pakt einging, um seine Burg gegen einen bevorstehenden Angriff zu rüsten. Als Lohn sollte der Teufel die junge, schöne Tochter erhalten. Die Amme jedoch trickste den Teufel aus, sodass dieser sein Werk nicht rechtzeitig vollenden konnte. Nun hielt sich der Teufel am finsteren Ritter schadlos und warf den »Teufelsstein« auf ihn. Noch heute können Sie die Steinringe um den kleinen Gleichberg sehen, die die vom Teufel errichteten Mauern der Steinsburg waren!

Jener Felsen, den der Teufel aus Wut zur Erde schleuderte, ist heute ein beliebtes Ausflugs- und Wanderziel in der Nähe von Lengfeld. Das geologische Naturdenkmal ist Teil eines Basaltganges, der durch Steinbrucharbeiten freigelegt wurde, und gehört zu den bedeutendsten Geotopen Deutschlands. Jedes Jahr am Pfingstmontag findet das traditionelle Feldsteintreffen statt, das eine große Besucherschar anlockt.

Informationen: Gemeindeverwaltung Lengfeld, Schulstraße 4, 98660 Lengfeld. Tel.: 036873/20012, www.lengfeld.net, www.verwaltungsgemeinschaft-feldstein.de.

Anfahrt: A 71/A 73, Abfahrt Suhl-Friedberg, in St. Kilian nach rechts Richtung Altendambach/Bischofrod/Lengfeld.

Tipp von Sandra aus Lengfeld

89 Wie weit ist es bis ans Meer?

Sie wollten schon immer einmal die farbenfrohe Welt tropischer Meere erleben, aber nicht so weit dafür reisen? Das wohl aufregendste Meeresaquarium Thüringens lockt in Zella-Mehlis mit 60 Schaubecken und dem unbestrittenen Highlight: dem Eine-Million-Liter-Haifischbecken.

Zwei Zella-Mehliser machten Anfang der 1990er-Jahre ihr Hobby zum Beruf und bauten mit viel Fleiß im ehemaligen »Volkshaus« ein in Thüringen einmaliges Meeresaquarium auf. Hunderte verschiedene Arten von Meeresfischen können Sie hier bewundern. »Nemo« ist ebenso vertreten wie »Dori«, aber auch Muränen und Haie sind zu bestaunen. Das Besondere ist das wohl größte Haibecken in Mitteldeutschland mit den Ausmaßen eines Einfamilienhauses: Es ist 20 Meter lang, 10 Meter breit und über 5 Meter hoch. Und wie viel Wasser passt hinein? Über eine Million Liter! Allein 30 Tonnen Salz werden zur Herstellung des Salzwassers benötigt, in dem 11 verschiedene Haiarten ihre Kreise ziehen. Jeden Sonntag um 15 Uhr ist Fütterungszeit, das sollten Sie sich nicht entgehen lassen.

Aber auch weit weniger bedrohlich wirkende Lebewesen bevölkern die verschiedenen Aquarien. Die Rochen fressen dem Tierpfleger übrigens samstags um 14 Uhr aus der Hand – ein besonderes Erlebnis. Für Kinder gibt es außerdem einen »Streichelzoo« – Koi-Karpfen mögen Berührungen. Im separaten Krokodilhaus finden Sie, wie der Name schon verrät, Krokodile, darunter das kleinste – »Klausi« – mit 90 Zentimetern und das größte namens »Cäsar«, das über 3,5 Meter misst. Die Krokodile werden von April bis September samstags um 14 Uhr gefüttert, den Rest des Jahres sind sie auf Null-Diät.

Anderen beim Essen zuzuschauen macht hungrig! Im Restaurant »aquamaehlis« können Sie leckere Thüringer Küche genießen. Es gibt auch Fisch, aber nicht aus den Aquarien …

Informationen: Erlebnispark Meeresaquarium Zella-Mehlis, Beethovenstraße 16, 98544 Zella-Mehlis,
Tel.: 03682/41078,
www.meeresaquarium-zella-mehlis.de.
Erlebnispark und Meeresaquarium sind
für Rollstuhlfahrer barrierefrei erreichbar.
Öffnungszeiten: tgl. 10–18 Uhr.
Preise: Erw. 14,00 €, Kinder 7,00 €,
erm. 11,00 €, Familienkarten ab 32,00 €.

Anfahrt: A 71 bis Abfahrt Suhl/Zella-
Mehlis, der B 62 Richtung Zella-Mehlis
ca. 3 km folgen, an der Kreuzung
Talstraße/Lämmermannstraße weiter
in Richtung Lämmermannstraße, dann
in die Beethovenstraße abbiegen. Parkplätze sind vorhanden.

Tipp von Linus aus Erfurt

90 Kelten in Thüringen – Römhild und die Gleichberge

Schon die Kelten kannten Römhild. Tun Sie es ihnen gleich und besuchen Sie dieses zauberhafte Städtchen im Süden Thüringens. Zahlreiche Sehenswürdigkeiten warten auf Sie: die Gleichberge, das Steinsburgmuseum, das Museum Schloss Glücksburg, der Saurierpfad oder ein herrliches Waldbad! Um Ihr leibliches Wohl brauchen Sie sich auch nicht zu sorgen.

Die Gleichberge, 679 bzw. 641 Meter hoch, krönen das kleine und charmante südthüringische Städtchen Römhild. Es ist ein ideales Terrain zum Wandern und Erholen mit interessanten Einblicken in die erdgeschichtliche Entwicklung. Gehen Sie an den Fundort von Saurierskeletten oder erfahren Sie im Steinsburgmuseum mehr über die Kelten, die auf den Gleichbergen siedelten. Entsprechendes Wetter vorausgesetzt, haben Sie von den Gleichbergen einen Blick bis ins Fichtelgebirge und den Spessart. Die Geschichte der Brandbekämpfung wird im Feuerwehrmuseum nachvollziehbar. Im Schoss Glücksburg sehen Sie unter anderem Landwirtschaftsgeräte und Handwerkszeug aus alten Zeiten. Besonders sehenswert sind der Festsaal mit prächtiger Stuckdecke und Kerbschnitzarbeiten sowie der zum Teil rekonstruierte Schlossturm. Die dreischiffige spätgotische Stiftskirche, die Grablege der Henneberger Grafen, ist ebenfalls beachtenswert. Zwischendurch eine Abkühlung gefällig? Das Waldbad Römhild wird von Quellwasser gespeist – ein herrlicher Ort!

Informationen: Steinsburgmuseum, Waldhaussiedlung 8, 98631 Römhild. Tel.: 0361/573222000 (Museumskasse), www.steinsburgmuseum.de. **Öffnungszeiten:** Di–So 9–17 Uhr. Führungen nach Voranmeldung.

Preise: Erw. 2,00 €, Schüler 0,50 €, Erm. 1,00 €.
Anfahrt: A 71 Abfahrt Rentwertshausen, L 2668 Richtung Römhild.

Tipp von Anja aus Erfurt

91 Schloss und Kirche gut beisammen

Die Krone von Bedheim bildet das sehenswerte Ensemble aus barocker Kirche und Renaissanceschloss. Wandeln Sie im Schlossgarten, tauchen Sie ein in die Geschichte des Prachtbaus, erholen Sie sich im Schlosscafé und erleben Sie anschließend ein Konzert auf den weltberühmten barocken Orgeln!

Der idyllische Ort Bedheim, eingebettet in die Ausläufer der Gleichberge, ist über die Grenzen Thüringens hinaus bekannt für seine Barockorgeln in der Bedheimer Kirche. Die Hauptorgel von 1711 und die etwa zehn Jahre jüngere sogenannte Schwalbennestorgel über dem Bogen zum Altarraum sind Meisterwerke der Orgelbaukunst. Beide Orgeln sind vom Spieltisch der Hauptorgel zu spielen – ein besonderes akustisches Erlebnis! Auch sollten Sie sich die regelmäßig stattfindenden Orgelkonzerte in der Bedheimer Kirche nicht entgehen lassen. Darüber hinaus dürfen Sie das Schloss natürlich nicht außer Acht lassen.

Am Anfang war Schloss Bedheim eine Burg, die im Verlauf des Bauernkrieges wütende Bauern angezündet haben. Ende des 16. Jahrhunderts wurde ein Renaissanceschloss auf den Grundmauern errichtet. Spätestens im 18. Jahrhundert verband ein Mittelteil die beiden Seitenflügel zu einem Gebäude, das sich nun im Besitz des Prinzen Joseph von Sachsen-Hildburghausen befand, der es zu einer Sommerresidenz ausbaute. Vereinbaren Sie mit den heutigen Schlossherren eine Führung und erleben Sie Geschichte hautnah!

Informationen: Schloss Bedheim, Schloss 2, 98630 Bedheim. Tel.: 03685/405030, www.schloss-bedheim.de.
Öffnungszeiten: Café: Mai–Okt. So, Fei ab 14 Uhr, Ausstellung im Schloss: Mai–Okt. Sa, So, Fei 14–19 Uhr. Führungen durch die Schlossanlage nach Voranmeldung. Die öffentlichen Schlossanlagen sind bei Tageslicht jederzeit zugänglich und können von außen kostenlos besichtigt werden.
Preis: Pro Führung mind. 30,00 € (10 Pers. à 3,00 €).
Anfahrt: A 71 Abfahrt Rentwertshausen, Richtung Römhild und weiter nach Bedheim; A 73 Abfahrt Schleusingen, weiter Richtung Hildburghausen/Bedheim.

Tipp von Ina aus Bedheim

92 Ein Wald im Haus – Haus der Natur Goldisthal

Im Gasthaus »Zum fröhlichen Mann« kehrten einst Waldarbeiter, Köhler und Goldsucher ein, die in der Umgebung von Goldisthal lebten und arbeiteten. Heute lädt das Fachwerkhaus aus dem 18. Jahrhundert mit einer kindgerechten Ausstellung und verschiedenen Hörstationen, Videos und Animationen große und kleine Besucher zu besonderen Naturerlebnissen ein.

Das ehemalige Gasthaus »Zum fröhlichen Mann« beherbergt seit 2014 das »Haus der Natur«. Anschaulich präsentiert es den Wald in allen seinen Facetten. Hierhin sollten Sie unbedingt die Kinder mitnehmen! In den Schulferien wird dienstags ab 9 Uhr das »Frühstück im Museum« serviert. Dort kann man schmecken, was die einfachen Waldarbeiter um 1750 vor der Arbeit zu sich nahmen (Aufpreis 3,00 € p. P).

Auf dem Außengelände des Museums wird die Nutzung von Wasserkraft in der Region um Goldisthal vorgestellt – von der Mühle bis zum Pumpspeicherwerk, zum Anfassen und Mitmachen. Im »Haus der Natur« selbst zeigen bewegte Bilder den märchenhaften Wald am Wurzelberg, in der historischen Gastwirtschaft trifft man auf Legenden, Sagen und historische Prominente von Goldisthal. Das Schatzkabinett präsentiert kostbare Funde und man erfährt Wissenswertes über die Geschichte des Goldbergbaus in der Region. Im 1. Obergeschoss werden Flora und Fauna des Oberen Schwarzatals erlebbar.

Im 2. und 3. Obergeschoss können Sie – quasi im Vorbeigehen – eine spannende multimediale Tagesreise auf den Wurzelberg unternehmen, wo einst die Jagdhütte der Grafen von Schwarzburg stand. Wer hat da noch Angst vorm dunklen Wald?

antenne THÜRINGEN TIPP

Ein etwa 14 Kilometer langer Rundwanderweg führt um die beiden Talsperren in Goldisthal. Idyllische Flecken laden zur Rast. Am »Panoramablick« sind beide Staubecken des Pumpspeicherwerks zu sehen. Die Tour ist mittelschwer, man überwindet einen Höhenunterschied von 310 Metern.

Informationen: Gemeinde Goldisthal, Haus der Natur, Goldberg 2, 98746 Goldisthal, Tel.: 036781/249531, www.hausdernatur-goldisthal.de. Öffnungszeiten: Mi–So 10–17 Uhr. Preise: Erw.: 6,00 €, Kinder (7–16 J.)/ Erm. 3,00 €.

Anfahrt: A 71 Sömmerda–Schweinfurt, AS Ilmenau Ost, weiter Richtung Neuhaus am Rennweg; A 73 Nürnberg–Suhl, AS Eisfeld Nord, weiter B 281 Richtung Neuhaus am Rennweg.

Tipp von Annett aus Goldisthal

93 Nicht Geld waschen – Gold waschen!

Die Schwarza gilt seit dem Mittelalter als der goldreichste Fluss in Thüringen. Im Gegensatz zu anderen Flüssen in Deutschland findet man das Schwarzagold nicht nur in Form von Flittern, sondern auch als kleine Nuggets im Geröllbett. Begeben Sie sich auf die spannende Suche nach dem begehrten Edelmetall – mit etwas Glück und viel Zeit finden Sie vielleicht ein wenig Gold!

In Katzhütte mündet das Flüsschen Katze in die Schwarza. Der Name Katze hat allerdings nichts mit Stubentigern zu tun, sondern geht auf das wendische Wort »Kaza« zurück und steht für wild, reißend, verwüstend. In den Flüssen rund um Katzhütte wurde schon vor Jahrhunderten Gold gewaschen. Besonders in der Schwarza und ihren Zuflüssen versuchten die Goldwäscher ihr Glück. Gold ist aber auch bergmännisch abgebaut worden wie im Goldbergwerk im Grubental.

Was für eine Mühsal aber ist das Goldwaschen! Selbst wenn Sie nach Stunden etwas Flittergold aus dem Flusskies herausgewaschen haben: Rechnen Sie den möglichen Ertrag aus dem Verkauf in einen Stundenlohn um, werden Sie wohl den Gedanken, eine Karriere als Goldwäscher zu starten, schnell wieder vergessen. Unvergessen bleiben jedoch das Erlebnis in der Natur, die körperliche Betätigung und der Reiz, den das Goldwaschen ausübt. Wenn Sie ein paar Milligramm gefunden haben, sollten Sie zur Belohnung auf dem Rundwanderweg Goldpfad Goldisthal den Spuren der Thüringer Goldgräber folgen. Der Goldwaschplatz befindet sich rund 500 Meter vom Ortsausgang entfernt in Richtung Neuhaus am Rennweg.

Informationen: Gemeinde Katzhütte, 98746 Katzhütte. Tel.: 036781/37388, www.gemeinde-katzhuette.de. Die Termine für das Goldwaschen werden im Internet bekanntgegeben.

Anfahrt: A 71 Abfahrt Ilmenau-Ost, B 88 bis Gehren, dort Richtung Möhrenbach/ Großbreitenbach abbiegen.

Tipp von Martin aus Rudolstadt

94 Deutschlands steilste Straße – Deesbach, echt steil!

Es ist nicht amtlich, aber nachgemessen – die Steile Wand von Meerane, der Schrecken aller Radfahrer, ist ein Waisenknabe gegen die Oberweißbacher Straße in Deesbach! Während erstgenannte gerade einmal 12,9 % Steigung aufweist, ist die Straße von Deesbach nach Oberweißbach mit stolzen 25,3 % fast doppelt so steil. Lassen Sie sich diese Attraktion nicht entgehen!

Das Städtchen Deesbach in der Bergbahnregion weist mit 25,3 % Steigung die steilste Straße Deutschlands auf – von Journalisten nachgemessen. Die bei Radsportlern berüchtigte Steile Wand von Meerane kommt nur auf 12,9 %, für die Straße zur Burg Kriebstein ermittelte man 23,6 %.

Malerisch schön gelegen im Deesbachtal, umrahmt von bewaldeten Bergen, ist Deesbach ein idealer Ausgangspunkt für Wanderungen in einer noch unberührten Natur. Die Bergbahn (siehe Tipp 95), der Rennsteig und die Talsperren von Goldisthal und Scheibe-Alsbach liegen nur wenige Kilometer entfernt. Von Deesbach aus zogen seit dem 16. Jahrhundert Buckelapotheker (Medizinmänner) durch ganz Mitteleuropa, um ihre selbst hergestellten Naturheilmittel (Olitäten) zu vertreiben. Deshalb wird die gesamte Region auch »Thüringer Kräutergarten« genannt.

Wer sich schon einmal gefragt hat, woher der Kräuterlikör »Kümmerling« stammt, bekommt in Deesbach die Antwort. Hugo Kümmerling erfand die Rezeptur und sein Geburtshaus steht in Deesbach! Gepflegte Gaststätten, gemütliche Privatquartiere, die Familienpension oder das Waldhotel machen Ihren Aufenthalt zu einem entspannten Erlebnis. Unterhaltung und gute Laune gibt's zur Kirmes, zum Feuerwehr-, Wintersport- und Raanzerfest. Und wie kehrt man auf der steilsten Straße Deutschlands? Am besten bergab!

Informationen: Gemeindeamt
Deesbach, Ortsstraße 19,
98744 Deesbach. Tel.: 036705/60830,
www.deesbach.de.

Anfahrt: A 71 Abfahrt Ilmenau-Ost, B 88
Richtung Langewiesen bis Pennewitz folgen, dort Richtung Mellenbach-Glasbach
abbiegen.

Tipp von Andreas aus Deesbach

95 Ingenieurskunst – die Oberweißbacher Bergbahn

Wie überwinden Sie ohne Kraftaufwand 323 Meter Höhenunterschied in nur 18 Minuten? Sie fahren einfach mit der Oberweißbacher Bergbahn von Obstfelderschmiede nach Lichtenhain! Doch nicht nur die Fahrt an sich ist lohnenswert, sowohl in Obstfelderschmiede, der Talstation, als auch in Lichtenhain erwarten Sie viele Möglichkeiten, einen erlebnisreichen Tag zu verbringen.

Der mit der Eröffnung der Schwarzatal-Eisenbahn im Jahre 1900 verbundene wirtschaftliche Aufschwung ging an den Orten Lichtenhain, Oberweißbach, Deesbach und Cursdorf spurlos vorbei. Immer noch mussten die Güter von der Hochebene mit Pferdefuhrwerken zur zwölf Kilometer entfernten Eisenbahnstation transportiert werden. Das änderte sich, als der Regierungsbaurat Wolfgang Bäseler 1918 erste Pläne für eine Bahnverbindung zwischen Cursdorf und Obstfelderschmiede vorlegte. Nach nur drei Jahren Bauzeit wurde auf der Strecke der Güterverkehr aufgenommen, ein Jahr später auch der Personenverkehr. Die in Thüringen einzigartige Standseilbahn steht seit den 1980er-Jahren unter Denkmalschutz.

In Obstfelderschmiede erwarten Sie der Bergbahnshop und die Gaststätte »Talstation« (Feb. tgl. 10–16 Uhr, Mrz.–Apr. tgl. 11–16 Uhr, Mai–Okt. tgl. 10–18 Uhr), in der Ihnen deftige Thüringer Küche serviert wird. Rund um die Bergstation lockt Familien der »Fröbelwald«. Entsprechend der Fröbelschen Philosophie erhalten hier Kinder spielerisch und lehrreich spannende Informationen zur Geschichte des Schwarzatals. Im umgebauten Reisezugwagen können Sie in der »Bistropa« (Apr.–Okt. Mi–So 11–18 Uhr) noch einen kleinen Imbiss zu sich nehmen, bevor Sie sich wieder ins Tal hinabbegeben.

Technisch Interessierte sollten sich eine Führung im Maschinenhaus nicht entgehen lassen. Und die moderne Kommunikationstechnik macht's möglich: Per Smartphone erhalten Sie Einblick in Bereiche, die Ihnen sonst nicht zugänglich sind.

Informationen: Oberweißbacher Berg- und Schwarzatalbahn, An der Bergbahn 1, 98746 Mellenbach-Glasbach. Tel.: 036705/20134, www.thueringerbergbahn.com.
Betriebszeiten: 6.30–20 Uhr, Züge fahren im 30-Minuten-Takt.
Preise: Ab 10,00 €, erm. 7,00 €.
Anfahrt: A 71, Abfahrt Ilmenau-Ost, A 4, Abfahrt Jena-Göschwitz, B 88 über Rudolstadt nach Bad Blankenburg/Sitzendorf, A 73 Abfahrt Eisfeld-Nord, B 281 über Masserberg. Navigation – Talstation Obstfelderschmiede, Mellenbach-Glasbach, An der Bergbahn 1; Bergstation Lichtenhain, Lichtenhain, Bergbahnstraße 8.

Mit der Bahn: ICE oder IC bis Erfurt oder Saalfeld, von dort stündlich Fahrtmöglichkeiten nach Rottenbach mit direktem Anschluss zur Oberweißbacher Berg- und Schwarzatalbahn (Gleis 1). Am Haltepunkt Obstfelderschmiede Umstieg zur Bergbahn. Hinweis: Lösen Sie ihre Fahrkarte nur bis Rottenbach, wenn Sie am gleichen Tag mit der Bergbahn fahren wollen. Bereits ab Rottenbach gelten die Bergbahn-Tickets.

Tipp von Elisabeth aus Möhrenbach

96 Noch glühendes Glas – bald schon ein Kunstwerk

Glühendes Glas und die Kunst, es in Form zu bringen – dabei zuschauen zu können, ist eine ganz besondere Erfahrung. »Aah!« und »Ooh!« hören die Glasbläser der Farbglashütte Lauscha ständig bei ihrer Arbeit. Begeben Sie sich auf eine Abenteuerreise und erleben Sie hautnah die Ausübung eines uralten und zugleich modernen Handwerks mitten im Thüringer Wald!

Eine der letzten gewerblich produzierenden Glashütten Deutschlands, die Besuchern einen Blick in die Produktion ermöglicht, ist die ELIAS-Glashütte in Lauscha. Schauen Sie den Glasbläsern über die Schulter und erleben Sie mit, wie aus einem Tropfen heißen Glases ein Kunstwerk entsteht. Schließen Sie sich einer Führung an und erfahren Sie Wissenswertes über die Glasmacherei.

Ihre Tour »Dem Glas auf der Spur« beginnt mit einem kurzen Film. Anschließend können Sie den Glasmachern am Ofen oder bei der Weiterverarbeitung zuschauen. Durch den Hexenkeller und über die Hütten-Galerie werden Sie in das Röhren- und Stäbelager geführt, bis Sie schließlich bei den Kunstglasbläsern anlangen. Vorbei an der Werkstatt kommen Sie dann in einen Bereich, in dem das ganze Jahr über Weihnachten ist: das herrliche Weihnachtsland mit dem prachtvollen, glitzernden Christbaumschmuck.

Besuchen Sie auch das Museum für Glaskunst Lauscha, direkt in der Farbglashütte. Es präsentiert eine einzigartige Sammlung von Thüringer Glaserzeugnissen – vom frühen »Waldglas« über Glasgefäße des späten Mittelalters bis hin zu Gläsern aus der Gegenwart. Gern können Sie sich selbst ausprobieren und eine »Traumkugel« blasen, was sicher der Höhepunkt eines jeden Ausfluges in die Farbglashütte ist. Ein Glasbläser wird Ihnen dabei helfen, einen Kolben langsam zu erhitzen und aufzublasen. Die Traumkugel, ihr kleines Kunstwerk, können Sie nach dem Abkühlen für 5,50 € mit nach Hause nehmen. Ein tolles Souvenir!

Informationen: Farbglashütte Lauscha,
Straße des Friedens 46, 98724 Lauscha.
Tel.: 036702/2810, www.farbglashuette-
lauscha.de. Das Glasmuseum in der
Farbglashütte ist barrierefrei zugänglich
(Di–So 12–17 Uhr).
Öffnungszeiten: Tgl. 10–17 Uhr.
Preise: Eintritt frei, Führungen durch die
Glashütte ab 6 Personen kosten 6,00 €
p. P., Einzelpersonen können sich gern
einer Gruppe anschließen.

Anfahrt: Von Norden: A 73, Abfahrt
Ilmenau-Ost, B 88 Richtung Gehren,
Neuhaus am Rennweg.
Von Westen und Osten: Über die B 281
(Saalfeld–Eisfeld) bis Neuhaus am Renn-
weg, dann Richtung Lauscha.
Von Süden: A 73 Abfahrt Eisfeld-Nord,
weiter auf B 281 Richtung Neuhaus am
Rennweg/Lauscha.

Tipp von Frida aus Steinheid

97 **Skispringen leicht gemacht**

Haben Sie genug Mut, auf eine »echte« Skisprungschanze zu steigen und dann auch noch auf Skiern hinunterzufahren? Eifern Sie Michael »Eddy the eagle« Edwards nach – 1988 Großbritanniens einzigem Skisprung-Olympiateilnehmer. Gehen Sie an Ihre Grenzen und überwinden Sie sie!

Wenn Sie schon immer einmal Skispringen wollten wie Jens Weißflog, Sven Hannawald oder Martin Schmitt, dann besuchen Sie das Rennsteig-Outdoor-Center Steinach und melden sich zum Skiflyer an. Nach einem intensiven Training, bei dem Sie die erforderliche Technik für einen gelungenen Skisprung erlernen, fahren Sie von einer echten Skisprungschanze ins Tal hinab. Gesichert mit Seilen, kann Ihnen dabei nichts passieren. Sicher werden Sie nicht so weit fliegen wie die Meister ihres Faches, aber ein Spaß ist es allemal. Um Ihre Landung brauchen Sie sich keine Sorgen machen. Wenn Ihr Flug endet, werden Sie sachte auf die Erde hinabgelassen. Erleben Sie die Faszination des Fliegens in einer neuen Dimension!
Zahlreiche weitere Angebote für Groß und Klein machen einen Tag im Rennsteig-Outdoor-Center zu einem echten Aktiv-Kurzurlaub: Klettern im Hochseilgarten, Bogenschießen, Kanu- oder Floßtouren, geführte Quadfahrten, Trekking-, Mountainbike- oder Schneeschuhtouren.

Informationen: Rennsteig Outdoor Center, Obere Coburger Straße 12, 98743 Gräfenthal. Tel.: 0173/7982304, www.roc-team.de.
Preise: Skiflyer ab 48,00 € p. P.
Anfahrt: A 71 Sömmerda–Schweinfurt, AS Ilmenau-Ost, B 88 Richtung Gehren/ Steinheid. A 73 Suhl–Nürnberg, AS Eisfeld-Nord, B 281 Richtung Steinheid. Parkmöglichkeiten befinden sich am Stadion, Fußweg ca. 120 Meter zum Hochseilgarten. Navigation: N 50° 26' 02.7" / O 11° 08' 46.5".

Tipp von Hanna aus Schmalkalden

98 Das blaue Gold – der Schieferpark Lehesten

Sehr viele Häuser im Thüringer Wald sind mit Schieferschindeln gedeckt. Doch woher kommt dieses blaue Gold? Aus dem Staatsbruch Lehesten! Und das seit über 700 Jahren. Verfolgen Sie den Weg des Schiefers aus dem Tagebau über die Aufbereitung bis zur Herstellung der Schindeln und der Schultafeln, wie sie unsere Großeltern benutzt haben.

Mitten im Naturpark »Thüringer Schiefergebirge – Obere Saale« liegt der Staatsbruch Lehesten, in dem ab 1300 Schiefer abgebaut und zu Dach- und Wandschiefer sowie zu Tafeln verarbeitet wurde. Nachdem der Abbau 1999 eingestellt worden war, verwandelte sich der einstige Tagebau zum heutigen Schieferpark.

Auf dem 60 Hektar großen Erlebnisgelände können Sie zu jeder Jahreszeit – zu Fuß, zu Pferd, auf Rädern oder Skiern – den Park und seine reizvolle Umgebung entdecken. Folgen Sie dem nahen Rennsteig oder einem Bachufer und schlendern Sie durch Wiesen oder schattige Wälder. Entdecken Sie seltene Pflanzen und Tiere sowie verschiedene Gesteine. Auf Schritt und Tritt sehen Sie Zeugnisse der Schiefergewinnung – Halden, Stollen, Mauern, Kanäle und den Schiefersee, der im aufgegebenen Tagebau entstanden ist. Am technischen Denkmal sind die Industriebauten und die einzige Göpelschachtanlage Europas zu sehen. Erleben Sie Vorführungen des historischen Schieferabbaus, das Spalten und Zuschneiden des Materials oder die Herstellung von Schiefertafeln. Im ehemaligen »Schacht-I-Gebäude« zeigt eine Ausstellung die im Naturschutzpark beheimateten Pflanzen und Tiere.

Informationen: Stiftung Thüringer Schieferpark Lehesten – Technisches Denkmal, Staatsbruch 1, 07349 Lehesten. Tel.: 036653/26270, www.schiefer-denkmal-lehesten.de. Der Schieferpark selbst ist ebenfalls zugänglich, etwa zehn Minuten zu Fuß vom technischen Denkmal entfernt: Tel.: 036653/26050,

www.schieferpark.de.
Führungen: Apr.–Okt. Di –Do 10 und 13 Uhr, Fr 10 Uhr, Sa/Fei 10.30 und 14 Uhr, So 14 Uhr.
Preise: Erw. 7,00 €, Kinder 3,50 €.
Anfahrt: Von Saalfeld B 85/B 90 Richtung Leutenberg, weiter Richtung Lehesten.

Tipp von Elona aus Oberloquitz

99 Mit Pferden auf Schienen – die Pferdebahn Blankenberg

Es ist ein ursprüngliches Erlebnis mit der Pferdebahn über die landschaftlich reizvolle Strecke direkt am Ufer der Saale von der alten Papierfabrik Blankenberg bis zur zwei Kilometer entfernten Papierfabrik in Blankenstein zu rattern. In den offenen Wagen können Sie eine Eisenbahnfahrt der besonderen Art genießen!

Als der Fabrikant Wiede 1894 zu seiner Papierfabrik in Blankenstein auch die in Blankenberg kaufte, ließ er eine Schmalspurbahn mit Pferdebetrieb zwischen seinen beiden Werken bauen. Direkt an der innerdeutschen Grenze gelegen, wurden über diese Verbindung bis 1989 die Produkte der Papierfabrik transportiert. In den späten 1990er-Jahren wurde die Idee geboren, die Feldbahn touristisch zu nutzen. In der 1993 stillgelegten Papierfabrik konnten einige Fahrzeuge geborgen und wieder fahrtüchtig gemacht werden.

Der Verein zur Erhaltung der Pferdebahn bietet Ihnen seit 2014 gegen eine Spende für den Erhalt der Bahn einige Male im Jahr die Gelegenheit, über die zwei Kilometer lange Strecke zu fahren. Die Wagen werden wahlweise von Dieselloks oder Pferden gezogen. In jedem Falle erleben Sie ein technisches Denkmal und eine famose Landschaft direkt am Ufer der Saale in einer Geschwindigkeit, die Ihnen die Möglichkeit lässt, landschaftlich reizvolle Einzelheiten zu erkennen.

Informationen: Verein zur Erhaltung der Pferdebahn. Tel.: (abends) 03741/180773 oder (nur an Fahrtagen) 0174/5405270, www.feldbahn-blankenberg.jimdo.com.

Termine: siehe Internet.
Anfahrt: A 9 Abfahrt Bad Lobenstein, B 90 Richtung Bad Lobenstein, in Frössen nach Blankenberg abbiegen.

Tipp von Saskia-Michelle aus Blankenberg

100 Deutsche Geschichte in »Little Berlin«

Was passieren kann, wenn man die Grenzen seines Reiches zum Beispiel an einem Bächlein zieht, können Sie in Mödlareuth nachvollziehen. Hier fließt der Tannbach durch das Dorf. Erst war er die Grenze zwischen dem Fürstentum Reuß und dem Königreich Bayern und am Ende die innerdeutsche Grenze mit allen Sicherungsanlagen und einer Mauer wie in Berlin.

Anfang des 19. Jahrhunderts wurden entlang des Tannbachs, der das Dorf Mödlareuth durchfließt, neue Grenzsteine gesetzt. Am östlichen Ufer lag das Fürstentum Reuß und gegenüber das Königreich Bayern. Nach dem Ende des Ersten Weltkrieges ging der Westteil Mödlareuths in den neu gegründeten Freistaat Bayern, der Ostteil in das Land Thüringen über. Der Tannbach als Grenzverlauf blieb als reine Verwaltungsgrenze weiterhin bestehen. Das Alltagsleben der Mödlareuther war kaum beeinträchtigt, Wirtshaus und Schule lagen im thüringischen Teil Mödlareuths, zum Gottesdienst ging man ins benachbarte bayerische Töpen. Nach dem Ende des Zweiten Weltkrieges teilten die Siegermächte Deutschland in die vier Besatzungszonen. Die Demarkationslinien verliefen weitestgehend entlang der alten Landesgrenzen des Deutschen Reiches. Diese Festlegung der Demarkationslinien war für Mödlareuth von schwerwiegender Bedeutung, der Tannbach war nun zur Grenze zwischen Mödlareuth-Ost in der sowjetischen und Mödlareuth-West in der amerikanischen Besatzungszone geworden.

Im Deutsch-Deutschen Museum Mödlareuth wird diese Geschichte anhand zahlreicher Dokumente, Fotografien und der erhalten gebliebenen Grenzanlagen für jeden nacherlebbar. Noch heute ist das Dorf ein Kuriosum: die eine Hälfte bayerisch, die andere thüringisch, unterschiedliche Fahrzeugkennzeichen, Postleitzahlen und Telefonvorwahlen sind äußere Zeichen dieser Verwaltungsgrenze. Zwei Bürgermeister kümmern sich um das Wohl der 50 Einwohner, deren Zugehörigkeit schon am Gruß zu erkennen ist: »Grüß Gott« auf der einen, »Guten Tag« auf der anderen Seite. Doch heute gestaltet man den Alltag wieder gemeinsam und feiert zusammen Feste.

Informationen: Deutsch-Deutsches
Museum Mödlareuth, Mödlareuth 13,
95183 Töpen. Tel.: 09295/1334,
www.museum-moedlareuth.de.
Öffnungszeiten: März–Okt. Di–So
9–18 Uhr, Nov.–Feb. Di–So 9–17 Uhr.
Preise: Erw. 3,00 €, Kinder 2,00 €.
Im Preis enthalten: Zugang zum Frei-
gelände, Besuch der Ausstellungen,
Museumskino mit Film »Alltag an der
Grenze« (deutsch, englisch und franzö-
sisch) zu jeder vollen und halben Stunde.
Anfahrt: A 9 Abfahrt Bad Lobenstein,
B 2/B 90 Richtung Gefell/Dobareuth,
hinter Dobareuth nach Mödlareuth
abbiegen.

Tipp von Marianne aus Pössneck

Register